AF261915

LA VRAIE LIBERTÉ

Évreux, Imprimerie de l'Eure, L. Odieuvre, 4 bis, rue du Meilet.

LA
VRAIE LIBERTÉ

PAR

LE GÉNÉRAL DE CATHELINEAU

> Partout et toujours, elle a renversé
> la tyrannie ; elle nous montre le salut,
> Français, acceptons-le, *Dieu le veut !*

PARIS

SOCIÉTÉ GÉNÉRALE DE LIBRAIRIE CATHOLIQUE

VICTOR PALMÉ, directeur général

76, Rue des Saints-Pères, 76.

BRUXELLES	GENÈVE
J. ALBANEL, directeur de la Succursale	H. TREMBLEY, directeur de la Succursale
12, Rue des Paroissiens, 12.	4, rue Corraterie, 4.

1882

Avant-Propos

Vous me demandez comment sortir des embarras inextricables
que vous créé, je ne dirai pas le gouvernement, il n'y en a pas,
mais les exigences de partis qui, comme des troupes de brigands, se
sont organisés dans notre malheureux pays pour le ravager et le
perdre sous le nom de sauveurs de la Patrie.

Et moi, je vous demanderai comment il se peut faire que le
premier peuple du monde, le plus fier et le plus indépendant, soit
tombé dans un tel état de décadence, de torpeur et d'engourdisse-
ment, qu'il ressemble à un vieillard décrépit et sans intelligence et
sans force, ou plutôt à ce pauvre enfant qui n'a conscience d'aucun
danger, qui ne peut que bégayer des mots incompris, et ne sait
encore trop distinguer ses protecteurs de ses ennemis.

O France ! toi, ma mère, si brillante sous ton riche diadème, si
féconde en héros, si prodigue en génies, que sont devenus tes nobles
enfants ? où sont-ils ? Tes champs sont ravagés, tes ennemis les ont
foulés ; ils en ont gardé, et tu ne parles pas !...

Tes yeux, étincelants de gloire, semblent éteints, et tu ne les
ouvres pas pour les montrer menaçants de colère, de rage et d'une
sainte jalousie à tes rivaux devenus puissants dans ta faiblesse et
courant à des conquêtes que ton honneur devait arrêter et que ton
sommeil autorise.

O France ! réponds-moi ; d'où vient ta léthargie ? Je t'écoute, et
je t'entends, et tes plaintes sont bien amères : « Que sont devenus
mes protecteurs et mes guides, les descendants des Charlemagne, des
saint Louis et des Henri IV ? Louis XVI m'a noyée dans son sang ;
j'étais éteinte, et n'espérais plus revoir un Bourbon, j'allais mourir ;
le Dieu de Clovis, tant adoré, la croix, ce signe de vie, d'honneur
et de gloire avaient disparu ; tout semblait perdu pour moi, et
pourtant des enfants dévoués voulaient me sauver, ils faisaient des
prodiges !....

« Mais, hélas ! leur sang coulait à flots, je frémissais, et pourtant je me sentais ressusciter. Pleine de crainte, je regardais timide-
ment, lorsque je vis l'aurore percer le ciel noir. Quelle aurore ! et
quel beau jour ! Comme une nouvelle fiancée, je retrouvai mon

diadème et le Dieu d'Israël, qui vint me consacrer de nouveau : j'étais redevenue la femme forte; grandie par des siècles de puissance et de gloire, je pouvais donner la paix, et mes armes, redevenues invincibles, brillaient de tout leur éclat devant mes rivaux jaloux et étonnés.

« Un prince, un nouvel Henri IV, fils de mon époux et de mon Roi ! me donnait tant d'espérance et de fierté, que je me croyais immortelle.

« Mais, hélas ! son sang me couvrit encore et m'atterra !...

« Lorsque, levant les yeux au ciel, j'aperçus l'archange saint Michel, descendu pour me protéger et me consoler.

« Une femme, une héroïne, mettait au monde un enfant naissant au milieu des serpents. Je criai au miracle, et je me crus sauvée.

« O désespoir ! cet enfant, tout mon amour, toute ma fierté, m'est ravi ! et me voilà plus malheureuse que jamais, dévorée de douleur, gémissant sans cesse, et pourtant pleine d'espérance !

« Je l'appelle toujours, ce Dieudonné, je le demande au ciel, je le veux; je ne puis apaiser les désirs qui me dévorent, je sais qu'il est ma vie; sans lui, je vais mourir !...

« Et, jusqu'ici, victime de mes plaintes amères, je n'ai pas trouvé de fils assez généreux pour les écouter et les venger.

« Ma voix est trop faible ! Français ! vous ne reconnaissez plus votre mère, vous n'avez plus mon sang !

« Mais le ciel va me venger ! dissipateurs, vous avez détruit mes trésors de sagesse et de puissance; mais, arrêtez-vous !...

« On veut prendre votre sang, on veut bouleverser votre famille, on veut plus encore, on veut souiller vos âmes, ravir et perdre celles de vos enfants.

« Seriez-vous plus insensibles que le tigre, l'ours et le lion, qui protègent et défendent leurs petits au péril de leur vie?

« N'auriez-vous plus de raison que ces nobles animaux que pour devenir plus insouciants et plus lâches? N'auriez-vous plus d'intelligence et plus d'amour que pour devenir plus cruels?

« Non, je vous offense; mais excusez le cœur d'une mère irritée, écoutez la nature et le Dieu qui vous parle.

« La nature ne reconnaît aucun droit contre celui des pères et mères. Dieu les défend, ces droits, et il donne à ceux qui les possèdent l'ordre, la force et l'énergie de les faire triompher.

« A l'œuvre donc, mes amis, et sans peur et sans reproche, écoutons la France, notre mère, écoutons notre Dieu, et redisons sans cesse :

« Melius est mori quam fœdari. »

Telle est l'analyse des quelques lignes que je livre à votre appréciation. Fasse le ciel qu'elles encouragent les timorés et qu'elles mettent d'accord et réunissent les plus ardents.

CATHELINEAU.

LA VRAIE LIBERTÉ

Son origine et sa puissance.

La liberté est un don du Créateur qui, concédé au premier homme avec le pouvoir de commander à la nature, lui procura un bonheur parfait dans l'adoration de Dieu et l'obéissance à sa loi.

Mais un jour, emporté par un sentiment d'orgueil, la créature, usant de cette liberté, voulut égaler le Créateur; elle succomba dans l'épreuve : Adam désobéit !....

Terrible chute qui le dépouilla de ses plus nobles prérogatives, obscurcit son intelligence, endurcit sa volonté rebelle et rendit son âme dégradée tributaire de sa passion. Sa liberté avait perdu sa puissance, car l'erreur avait dominé la vérité.

La vraie liberté dont je veux parler ici ressort de l'âme régénérée, indépendante et fière qui, tout éprise de la vérité immuable, veut la suivre et combattre l'erreur et la détruire, erreur et vérité toujours définies et qu'elle ne peut jamais confondre.

En effet, l'homme purifié dans les eaux du baptême est devenu l'enfant de Dieu; racheté par la mort du Christ, nourri de sa chair divine, désaltéré de son généreux sang, c'est un homme nouveau, éclairé par la foi, réchauffé par la charité et soutenu par l'espérance.

La charité lui inspire l'amour de Dieu et l'amour du prochain; elle lui rend plus vif l'amour de la famille et l'amour de la patrie; elle lui donne l'amour du chef, d'un souverain, image de Dieu lui-même.

La foi lui montre un guide infaillible, l'Église, dépositaire de la vérité : l'erreur ne prévaudra jamais contre elle. C'est le serment de Dieu. Elle indique le mal à éviter, le bien à pratiquer et à publier partout et toujours.

L'espérance relève sa faiblesse : il sait que Dieu l'assistera et le récompensera au centuple du peu qu'il aura donné en amour, en fidélité, en dévouement et en sacrifices : telles sont les sources de la vraie liberté des enfants du Christ; aussi la verrons-nous, première puissance du monde, enfanter l'héroïsme, et, méprisant la mort, courir au martyre.

Et j'appelle fausse liberté, celle qui, inventée par les hommes ou leur philosophie, ne s'adressant qu'à la raison humaine, ne saisit pas les âmes et reste aussi faible que le fabricateur livré à lui-même; celle qui est la révolte contre le Christ et ses lois; celle qui n'a d'autre frein, d'autre règle que celui ou celle qu'ils s'imposent eux-mêmes.

La vraie liberté qui est une vertu est donc le plus précieux des biens offerts à l'homme, le plus essentiel et le plus puissant, et celui qu'aucun pouvoir ne peut lui ravir et qu'aucun homme ne peut abandonner; et là où l'intelligence découvre le bien, la volonté doit le vouloir, envers et contre tout; car l'erreur est le mal, et le mal est l'esclavage.

Partant de ce principe, les enfants du Christ, les chrétiens éclairés par le flambeau de la foi et dirigés par l'Église, ne pouvant confondre la vérité avec l'erreur, doivent enseigner la vérité, la suivre sans qu'aucune puissance puisse les faire dévier de la route tracée : c'est l'accomplissement du devoir, l'exigence impérieuse de la conscience !

Et c'est pour relever cette puissance, affaiblie par l'erreur, et rehausser la fierté, la dignité des hommes tombés dans l'esclavage, que le Fils de Dieu est descendu sur la terre. La désobéissance au Créateur avait obscurci toutes les intelligences, la vertu était presque inconnue, et le genre humain était tombé dans la barbarie. Le vice était adoré !

Les conquérants, les empereurs, les rois, esclaves de leurs propres passions, n'avaient d'autres guides que l'ambition la plus effrénée, l'orgueil le plus insensé : ils se croyaient des dieux.

Le citoyen, l'homme libre d'alors, le savant, le littérateur, le poète, dépensaient leur esprit et leur savoir à encenser par d'indignes flatteries ces potentats souvent aussi cruels qu'impuissants, aussi vindicatifs qu'ombrageux.

Ils se disaient libres, ces fiers esclaves ; ils chantaient une liberté qu'ils ignoraient, et, pour se tromper eux-mêmes dans la perte qu'ils faisaient du don le plus précieux de la nature, ils se faisaient aussi adorer par des multitudes qu'ils avaient dégradées au point de leur faire perdre tout sentiment de dignité : les uns et les autres n'étaient plus des hommes libres, c'étaient des esclaves dont l'intelligence était égarée et la volonté anéantie.

Cependant, au milieu de ce désordre de toutes les passions humaines déchaînées, de cette honteuse et stupide idolâtrie qui couvrait le monde, un peuple, après avoir conservé longtemps le dépôt de la vérité par sa fidélité à la voix de Dieu, était aussi devenu prévaricateur ; son esprit s'était obscurci, il était tombé en servitude. Toutefois, quelques familles avaient conservé fidèlement ses croyances et ses traditions ; c'est de leur

sein qu'est sorti le Sauveur du monde, le grand régéné-
rateur de la liberté, le vainqueur de l'esclavage.

Par Lui, et avec Lui, l'homme sera régénéré, son
intelligence relevée et éclairée, sa volonté rendue invincible ; et toujours, jusqu'à la fin des temps, ce Sauveur
restera au milieu des hommes, pour les soutenir, par sa
protection divine, ses exemples et ses enseignements,
qui sont la foi et la loi des chrétiens.

Les hommes qui gouvernaient, qu'ils s'appellâssent
rois, empereurs, conquérants ; qu'ils fussent sages ou
ambitieux, pour le bonheur ou le malheur des peuples
qu'ils avaient soumis ou formés ; qu'ils fussent ou la
verge qui châtie, ou le bras protecteur qui soutient et
édifie ; à ces soldats heureux, à ces maîtres qui, se
croyant nés pour commander, n'aspiraient qu'à renverser le pouvoir pour le saisir et dominer en tyrans...

A ces nouveaux vainqueurs qui avaient entre les
mains la puissance qui donne le succès, l'audace ou
l'ambition, quelle obéissance devait-on ? Écoutons le
premier législateur du genre humain, tout au moins le
plus sage, le plus indépendant et le plus habile d'entre
les hommes, si, comme le prétend l'école de nos jours,
il n'était pas le fils de Dieu.

« Rendez à César ce qui appartient à César, et à
Dieu ce qui appartient à Dieu. »

Tels sont les droits et les devoirs des souverains et
des sujets, définis et prêchés devant l'aristocratie d'une
vieille époque, où les hommes, divisés par castes, s'ap-
pelant patriciens, citoyens libres ou esclaves, tremblaient
tous également devant la tyrannie des pouvoirs aussi
mal assis qu'inhabiles, aussi peu durables qu'illégitimes,
aussi faibles qu'injustes. Alors, comme aujourd'hui, la
liberté n'était qu'un vain mot, les caractères étaient
abaissés jusqu'au servage, et voilà qu'une voix puissante
s'est fait entendre, disant :

« Rendez à Dieu ce qui appartient à Dieu ! »

Voilà l'aurore nouvelle qui perce la nuit sombre et

va dissiper les ténèbres; voilà la loi édictée par la
sagesse éternelle pour être divulguée au monde entier;
voilà l'arbre de la civilisation planté, arrosé des sueurs
et du sang du Christ lui-même; ses rameaux vont pousser
avec une telle vigueur, qu'ils vont ombrager l'humanité
tout entière.

C'est le nouvel arbre de vie, dont les fruits abon-
dants et mystérieux vont relever les races tellement
affaiblies qu'elles semblent anémiques; son sang généreux va couler dans leurs veines, l'intelligence va reprendre son essor, la volonté sa vigueur : l'âme va
reparaître avec toute sa fierté native.

Débarrassée des entraves qui l'enveloppaient, régé-
réc, en un mot, elle semblera quitter la terre, et, par ses
aspirations célestes, planer au-dessus des faiblesses de
notre trop malheureuse nature; elle s'élancera jusqu'à
Dieu pour redescendre presque invincible, tout impré-
gnée de ces immortels principes, adoration ou respect,
obéissance ou soumission, amour, charité ou fraternité :
grandes vertus dont la pratique sera sa règle et sa souveraine ambition.

Quelle transformation! quelle révolution! A la loi de
fer et d'airain, va succéder la loi d'amour; amour de
Dieu, amour du prochain; à la sagesse humaine, la
science de Dieu; à l'entraînement, aux passions, le sacrifice et la vertu.

Et, pour opérer ces prodiges, le Sauveur des hommes
naîtra dans une crèche, vivra dans la pauvreté, choisira
des disciples aussi simples qu'ignorants, se laissera con-
damner au supplice des malfaiteurs, et, parmi les premiers apôtres de sa doctrine et de sa loi, un seul aura
connu la science humaine.

Ils sont simples et ignorants, ces hommes; mais ils
ont été régénérés par le baptême; ils ont mangé la chair
divine, bu le vin sacré; leur intelligence a compris le bien,
leur volonté veut l'accomplir, et rien ne pourra les arrêter,
car ils sont saisis de l'invincible passion de la liberté...

II

La vraie liberté renverse les idoles et les tyrans.

Les apôtres n'ignorent pas que les païens adorent
des idoles; ils savent que la doctrine qu'ils vont enseigner est contraire à leurs coutumes, à leurs croyances ;
ils savent bien mieux encore que l'autorité défend de
prêcher le vrai Dieu, que cette autorité est entre les
mains des tyrans, dont la volonté est la seule loi, et
aucune de ces considérations ne les fait hésiter; que
dis-je? hésiter? ce sont elles qui les transportent d'ardeur !

Au nom de la charité, ils veulent détruire l'esclavage,
rehausser la pauvreté avilie et méprisée, adoucir le
cœur du riche, et enseigner à l'autorité qu'elle n'est pas
souveraine, qu'au-dessus d'elle il existe une puissance
infinie qui lui impose des devoirs envers les sujets qui
ne sont pas des esclaves, mais aussi bien qu'eux les
enfants de Dieu, à qui tous, empereurs, rois et peuples
doivent le même culte et la même obéissance, et que
toute autorité contraire à la loi de Dieu est rejetée par
lui.

Rien ne peut entraver leur liberté; aussi voyons-
nous les apôtres de la nouvelle doctrine la répandre
partout; la publier aux juifs, qui ont renié le Christ,
dans la synagogue, et aux païens, sur le forum, au risque
et péril de leur vie; et, lorsque la force brutale vient les
disperser, ils réunissent leurs adeptes dans les lieux les

plus secrets; ils brisent les idoles, et, pour rester fidèles au Dieu qu'ils adorent, ils s'exposent à mille martyres; et vous voyez la mère et la fille, le père et l'enfant, s'exposer aux mêmes dangers, et affronter cent fois la mort.

En vain, les Tibère et les Néron, poussés par une rage infernale, inventeront-ils les supplices les plus atroces contre les enfants du Christ; les fiers défenseurs de la liberté chrétienne triompheront de l'infâme barbarie de ces ignobles tyrans. La hyène, le tigre, le lion, ne pourront les vaincre; et pendant qu'ils mettent en lambeaux les chairs palpitantes de ces sublimes victimes, heureuses et triomphantes, elles publiaient la gloire du Dieu qu'elles adorent et priaient pour leurs bourreaux. Les bûchers, les flammes les plus ardentes seront aussi impuissantes.

Le vieux monde est ébranlé de Jérusalem à Athènes, de Sparte à Rome; le Christ est connu, il est adoré; et la cité romaine, dans sa superbe humiliée, peut déjà pressentir qu'elle est vaincue, et que, pour conserver sa puissance, il lui faudra renverser ses idoles et ses tyrans, et accepter le Dieu qu'elle rejette. Tous ses monuments rappellent des travaux de géants; ils retracent le génie, la gloire des plus grands capitaines; on ne voit que temples et arcs de triomphe : le marbre, la peinture, retracent les passions déifiées sous toutes les formes; ils redisent aussi les valeureux courages et les dévouements humains.

Mais Dieu est le maître, et c'est là où les attaques contre sa loi ont été les plus violentes; c'est là qu'il veut régner : les légions du Christ y ont été décimées, leurs chefs, Pierre et Paul, y ont été honteusement emprisonnés et martyrisés; c'est là qu'ils triompheront. Rome, inondée du sang chrétien, va devenir la reine du monde, Pierre y régnera en souverain, et Paul, le grand docteur apostolique, le vrai héros de la liberté, s'y trouvera partout confondu à côté de son chef, dans les honneurs et la gloire.

Et trois siècles, malgré les proscriptions, les persécutions les plus sanglantes, suffiront aux disciples des apôtres pour avilir le paganisme, abroger toutes les lois de tyrannie, rehausser l'esclavage, et faire triompher la vérité contre l'erreur, le bien contre le mal.

La liberté, cette fille du Christ, a saisi toutes les âmes, la charité est descendue près d'elle, le pauvre et le riche, le maître et l'esclave se confondent dans les mêmes embrassement et s'asseyent aux mêmes agapes.

Tous les chrétiens ne font plus qu'un cœur et qu'une âme, et, cette union sublime, cette force invincible et pénétrante, grandit et monte jusqu'au trône; et voilà que la liberté incomprise et enchaînée jusqu'alors est honorée et couronnée. Grand hommage rendu à la vérité qui triomphe enfin sur l'erreur. La religion du Christ a pénétré partout, de l'Est à l'Ouest, du Nord au Midi, et partout où les conquérants romains persécuteurs du Christ ont porté leurs armes victorieuses, partout le vrai Dieu compte de nombreux adorateurs, partout le culte des idoles est ébranlé. Les chrétiens sont redoutés; ils ne sont pas encore le nombre, mais, la foi qui les anime et les éclaire, leur donne la valeur; il faut compter avec eux.

Constantin, déjà entraîné vers la vérité par Constance, son père, a la force et l'énergie de la protéger. Sur son étendard il fait broder une croix et le monogramme du Christ; à son ombre, il marche de victoire en victoire jusqu'aux portes de Rome; inspiré lui-même il fait graver sur les boucliers de ses soldats les mêmes insignes; et là, va se livrer enfin le grand combat du vrai Dieu contre les idoles. Maxence et les Romains sont les persécuteurs et les maîtres; mais le signe sacré du salut est arboré, et le triomphe du bien sur le mal, par la défaite et la mort de Maxence, est désormais assuré. Constantin fait son entrée triomphale à Rome. Admirable conquête des enfants du Christ, devenus assez puissants pour se donner un protecteur.

Les peuples sont sauvés; car ils ont entrevu la lumière et compris la liberté!....

Quelle résistance à la tyrannie! Quelle soif de la vérité! Quelle révolution! et c'est Dieu qui l'inspire et la consacre!

Constantin le Grand, un an à peine après la prise de Rome, rend, en 313, l'édit de Milan autorisant le culte public de la religion du Christ, et transporte à Bysance le siège de l'empire romain, laissant Rome abandonnée au milieu des convulsions du paganisme, et semblant prévoir que Dieu veut y régner en maître, et qu'aucune puissance humaine ne pourrait impunément lui en disputer et la possession et le gouvernement. Toutefois, Constantin, avant de quitter Rome, fait cesser la persécution contre les chrétiens, il détruit le cirque de Néron, et, sur ses ruines fait élever l'église vaticane dont la crypte devient le tombeau des deux Apôtres.

Le christianisme s'est étendu dans la persécution, il est devenu fort et vigoureux, et le paganisme, malgré la puissance et la tyrannie de ses empereurs, est vaincu. Les fiers enfants du Christ ont rendu à Dieu ce qui appartient à Dieu. Ils n'ont point trempé leurs mains innocentes dans le sang des Césars; bien plus, ils ont prié pour eux; mais leurs lois injustes et cruelles, ils les ont méprisées ou repoussées, et fait triompher la vérité sur l'erreur, la liberté sur l'esclavage.

Aucun sacrifice, aucune torture n'a pu ralentir leur énergique courage, jusqu'au jour où le plus grand des Césars, éclairé par la vérité, viendra rendre à leur Dieu le culte et les hommages qui lui sont dus, par des lois aussi sages que justes, aussi puissantes que débonnaires. Alors les chrétiens l'entourent, le défendent et le vénèrent; pour eux, c'est l'image de Dieu, c'est un père, c'est la véritable autorité, c'est leur empereur.

Constantin en Orient favorise le christianisme, et l'entoure d'honneur et de gloire.

Cependant Rome lutte encore, Licinius qui d'abord

avait protégé les chrétiens, recommence la persécution;
mais Constantin est devenu le bras du Dieu vengeur, et
le paganisme est définitivement renversé par la mort de
son empereur l'an 324. Et cette puissance qui s'appelle
la liberté va conquérir le monde. Les peuples sont éclairés; leur intelligence comprend le vrai bien, le vrai bonheur, ils veulent en jouir et rien ne pourra plus les
arrêter. La tyrannie, l'esclavage les avaient anéantis, le
sang du Christ les a ressuscités.

III

La liberté règne chez les Francs.

Clovis, aux sollicitations de la reine Clotilde, reçoit le baptême, il devient enfant de Dieu et de l'Église et commence cette longue suite de rois chrétiens, qui, par leur puissance, leur respect, et l'attachement de leurs peuples, deviendront l'instrument de Dieu pour favoriser son culte, étendre la civilisation chrétienne, et grandir la liberté.

Au peuple d'Israël vient de succéder celui des Francs. De barbares qu'ils étaient, les Francs faits enfants du Christ, forment bientôt le peuple le plus libre et le plus policé du monde. La liberté est sa passion, la croix sa force, l'Église son amour et son guide, et ses princes, empereur ou rois plus sages que puissants, plutôt pères que maîtres, plutôt protecteurs que conquérants, aussi habiles pendant la paix que bouillants dans les combats, encore plus épris de la liberté que les peuples qu'ils commandent, soutiendront le faible et l'opprimé, l'Église et son chef, et mériteront le titre de rois très chrétiens, et la nation qu'ils ont créée, celui de fille ainée de l'Église.

Quelle atmosphère de liberté, de gloire et d'honneur se dégage de toute notre histoire! La charité règne en souveraine aux palais des rois, pour descendre sur la plus humble chaumière.

Le crime est sévèrement puni, la vertu généreusement récompensée : c'est la nation chrétienne, c'est le royaume du Christ!

O terre bénie! avant la régénération du roi des Francs, une modeste et timide bergère, Geneviève, transformée par la puissance de la liberté, apparaissait plus forte qu'une armée rangée en bataille, plus habile qu'un grand capitaine; elle invoquait son Dieu, et arrêtant l'indomptable Attila, elle sauvait Paris, Lutèce, de l'invasion des barbares.

Constantin avait, nous l'avons vu, préparé le règne de la liberté, avec celui du vrai Dieu, dans la grande cité romaine. Le chef de l'Église était souvent entouré d'un respect plein de vénération. Mais hélas! que de tourmentes encore, que d'épreuves, que d'incertitudes!

Le vieil empire si chargé de dépouilles et de lauriers, soutenu par le souvenir de sa jeunesse, de sa vigueur et de sa vaillance indomptable, comme le vieux lion, dans la forêt qui l'a vu naître et dont il était le roi, ne voulait ni déserter ni mourir; et pourtant, il s'affaisait sur lui-même, lorsque du nouveau peuple d'Israël, du pays des Francs, va surgir un géant. Il porte au front le diadème de Clovis, dans ses veines coule le sang de Charles Martel; épris de la sainte liberté, il invoque le Dieu des armées et se trouve invincible. De sa large main, Charlemagne écrase les Saxons et disperse tous les ennemis qui ont la folle hardiesse de lui résister.

Cependant ces victoires ne pouvaient satisfaire son étonnant génie, il avait une autre ambition, celle d'aller à Rome y assurer le royaume du Christ. Roi très chrétien, fils soumis de l'Église, il s'y fait sacrer empereur, et donne au pape Léon III le double titre de souverain, le laissant tranquille possesseur d'un petit royaume que sa lourde épée avait facilement conquis.

Prince aussi sage que vaillant, il édicte des lois nombreuses, dites capitulaires; fonde un grand nombre d'écoles, où la jeunesse allait apprendre la science du bien, et boire à longs traits, à la source de la liberté, le vin sacré qui, avec la foi, ravivait l'héroïsme et le patriotisme.

Et Louis IX, saint Louis, quel apôtre de la liberté! Ce n'est plus un simple pêcheur qui va prêcher la doctrine; c'est un intrépide guerrier qui vole aux combats les plus lointains pour gagner au Christ de redoutables ennemis ou les repousser par l'épée; c'est le père qui écoute le plus petit de ses enfants, c'est l'ami qui console, c'est un roi chrétien! Sous son règne bienfaisant l'erreur est toujours confondue, la vérité triomphante.

Et cette multitude de chevaliers, vrais types de l'honneur et de la vaillance, qu'aucuns dangers ne peuvent effrayer, que toute infortune entraîne, ne sont-ils pas les héros de la liberté dans la charité?

Beau pays, tu es devenu la France, la liberté t'a grandi, mais ta puissance excite l'envie, tes champs sont fertiles, on voudrait les partager, on vient les attaquer; ton sol est couvert d'ennemis; et malgré les efforts de tes enfants généreux, tu vas succomber; la crainte est partout. Ne tremble pas, fils de saint Louis, ne tremblez plus, fiers héritiers des Francs; le Christ est votre Dieu, il va vous sauver.

Une vierge encore, Jeanne d'Arc, se sent un cœur de héros. La liberté l'enflamme, elle veut rester Française, et la voilà près de son roi. Couverte de la cuirasse du guerrier, ses mains portent l'étendard qui l'enveloppe comme une blanche nuée; ses conseils surpassent en habileté ceux des généraux vieillis dans les camps; sa vaillance n'a pas d'égale; elle commande à la victoire. Les villes tombées au pouvoir de l'ennemi sont délivrées, et la France est sauvée; mais l'héroïne couverte de lauriers a mérité la palme immortelle du martyre; victime de son dévouement, elle tombe entre les mains des Anglais.

Irrités contre Jeanne, honteux de la défaite imposée par une femme, ils deviennent barbares et condamnent au supplice celle qu'ils devaient admirer.

O puissance de la liberté du Christ, le bûcher est le piédestal de ta gloire! Jeanne, seule au milieu des flammes, triomphe de la multitude et des flots d'ennemis qui l'entourent; elle les confond et commande l'admiration!

Le Ciel avait envoyé à sa France bien-aimée un ange pour la délivrer, elle lui restera fidèle. Cependant l'erreur veut y pénétrer; des novateurs se disant réformateurs vont attaquer les catholiques et venir troubler la paix qui les unit; ils voudraient encore, sous des conseils ennemis, diviser cette nation si forte et si puissante par la foi qui l'éclaire et la conduit. Mais l'erreur ne montera pas sur ce trône sacré par Dieu; ou si elle y apparaît un instant, ce sera pour en descendre humiliée, et presque anéantie.

Nous avons dit que la vraie liberté était une puissance provenant de l'intelligence éclairée et entraînée vers le bien, et de la volonté soutenue d'une force divine voulant le faire et le produire et surtout le conserver. Partant de cette définition qui n'est pas une opinion, mais bien un principe chez les chrétiens, la vérité seule est la liberté, *et cognoscetis veritatem et veritas liberabit nos* (Saint Jean, VIII, 32), et l'erreur l'esclavage. *omnis qui facit peccatum servus est peccati* (Saint Jean, VIII). Tous les enfants de Dieu ont donc pour devoir de poursuivre l'erreur et de soutenir le bien.

Si ce devoir incombe à chaque sujet d'une nation, il devient, ce devoir, bien plus impérieux pour celui qui est dépositaire de l'autorité; car s'il n'est pas fidèle à Dieu, si ses lois et ses édits sont contraires aux lois divines, son autorité n'est plus respectable, et ces lois et ces édits, s'ils proclament l'erreur, doivent être repoussés. Car la liberté est notre apanage, et aucun pouvoir n'a le droit de nous le ravir.

Le protestantisme fut vigoureusement combattu par nos souverains. Je ne veux pas faire ici l'apologie de ce qu'il y eut de cruel dans la répresssion, les hommes sont malheureusement toujours des hommes et plus enclins à la passion qu'à la vertu. La charité, en mille circonstances, eût été plus habile et plus efficace. Mais à côté de ce blâme, je me hâte de dire que la répression ne fut pas toujours assez prompte et assez vigilante; car, je le répète, le premier des biens est la vérité, elle donne la liberté aux peuples, et l'erreur l'esclavage. Aussi restera-t-il libre, le peuple Français, et malgré sa vieille constitution, sa force et sa gloire, son amour et son respect, jusque-là sans égaux dans aucune nation, pour ses souverains, il se lèvera tout en armes contre le trop faible Henri III, et viendra barrer la route du trône à Henri IV, son légitime héritier, s'il ne veut abdiquer l'erreur : cette levée de boucliers fut la Ligue.

L'ambition personnelle des Guise et de tous ses chefs en fut peut-être le principal mobile; mais Dieu se sert souvent de l'ambition des hommes pour punir les peuples ou les sauver. Cette lutte fut leur salut, car après avoir défait les Ligueurs dans les deux grandes batailles d'Arques et d'Ivry, le prétendant comprend, malgré ses droits de naissance indiscutables, que la France catholique ne peut être gouvernée que par un prince ayant sa foi et ses immuables principes. Le roi abjure son erreur, porte l'édit de Nantes, met fin aux guerres de religion, et, aidé de Sully, fait de si importantes réformes qu'elles lui gagnent l'amour des Français, à ce point que le souvenir d'Henri IV reste, pour nous, le plus vivace et le plus populaire.

Le Béarnais aussi politique que Constantin le Grand, va combattre l'erreur : comme lui, il a connu toute la valeur des vrais enfants du Christ, et il va leur donner, ainsi qu'à sa bonne ville de Paris, la paix dans la liberté. Tel fut le premier des Bourbons sur le trône.

Petit-fils de saint Louis, il pouvait s'égarer un instant, mais la liberté de son âme généreuse devait briser les entraves de son propre orgueil, et le rendre assez grand pour mériter le nom de prince très chrétien, le plus beau titre de ses pères.

Cependant, l'âme chrétienne, avec cette liberté telle que je viens de la montrer, si indépendante et si forte, où donc a-t-elle pris sa puissance et son énergie? Dans la crainte et l'amour de Dieu, dans l'obéissance à ses lois, dans l'immortelle espérance d'une récompense infinie, ou dans l'épouvantable terreur d'une éternelle souffrance. Telle est sa foi, telle est sa règle; le Christ est son soutien et sa vie; son guide, guide infaillible, est l'Église catholique, apostolique et romaine; sa force est la sage autorité des princes qui la gouvernent; pour elle, ils sont l'image du Dieu du ciel, régnant sur la terre.

Elle les respectera, elle les aimera, elle leur sera toujours fidèle. Mais si, oubliant leur titre si bien mérité de princes chrétiens, ils tombent dans l'erreur, toute éprise de sa fière indépendance, elle combattra l'erreur, redressera ses princes s'ils s'engagent dans une fausse route, priera pour leur retour vers le Dieu qu'elle adore, car ensemble ils doivent rendre à Dieu ce qui appartient à Dieu.

Pourtant cette liberté que nous conserverons avec sa fière indépendance et sa soumission fidèle sous la conduite de nos rois, près de deux siècles encore, sera bientôt incomprise et méprisée. Et cependant, elle avait créé, par les liens d'amour et de dévouement qui unissaient les peuples aux souverains, le roi à son peuple, la nation la plus forte, la plus respectée et la plus admirée du monde entier. C'était la France, la fille ainée de l'Église, la fille de la vraie liberté!

Oui, la liberté inspirait ces grandes voix des Massillon et des Bossuet, des Fénelon et des Bourdaloue; elle donnait à ces fiers génies la respectueuse indépendance de reprocher, avec le plus énergique courage, aux grands et aux rois, et leurs désordres et leurs prévarications. Et ces puissants de la terre inclinaient leurs fronts victorieux et chargés de lauriers, sous la loi du Christ qu'ils reconnaissaient pour leur seigneur et maître. Telle était la liberté de ces grandes époques de notre gloire et de notre puissance. Elle régnait sur les trônes et sur les peuples.

De son sein sortaient les plus vaillants combattants; les cloîtres engendraient des apôtres et des saints, l'Espagne envoyait à notre école deux héros chrétiens : Ignace et Xavier. Enflammés de la vraie liberté, avec d'autres légions de missionnaires, ils allaient porter, aux extrémités du monde, la civilisation avec la foi qui la donne, et le sang du Christ qui la vivifie et la conserve.

IV

Mais le génie du mal, jaloux de nos vertus, de notre courage et de nos victoires allait enfanter la philosophie moderne. Les Voltaire, les Diderot, les Jean-Jacques Rousseau prêchent, dans leurs écrits et sur la scène, l'athéisme; ils déifient les passions les plus viles et les plus dégradantes; leurs lecteurs sont partout, leurs adeptes sans nombre. La foi s'obscurcit, les âmes sont amollies, l'intelligence s'égare, la volonté est énervée et quand le meilleur des rois, marchant sous la loi du Christ, veut, d'accord avec son peuple, faire d'utiles réformes, il ne trouve pour l'assister que des utopistes rêveurs, pour qui la licence est la liberté, la souveraineté dans la gloire, une gêne, une honte. La loi du Christ est abandonnée, la voix de l'Église n'est plus écoutée, le désordre règne en maître, il s'établit près du trône, dans le cloître, sous la mître, et sous l'étole la plus modeste.

L'amour des jouissances, le matérialisme a pénétré partout, l'âme devient esclave, le corps, ce serviteur insatiable veut la gouverner; ses passions vont régler son intelligence et sa volonté; le Dieu adoré est oublié et la France troublée par tous ces excès et ces désordres se débat dans des convulsions délirantes.

Le roi, lui-même, est égaré par son amour de son peuple, qu'il veut satisfaire à tout prix et entraîné par les exigences de délégués aussi imprudents qu'incapables et insensés, il oublie un instant ses devoirs les plus sacrés, et met le trouble dans le sanctuaire. On ne voit de liberté nulle part.

La philosophie porte ses fruits, une liberté aussi fausse et cruelle que le mal qui l'engendre, veut mesurer ses forces, elle renverse le trône séculaire pour essayer sa puissance. Avec elle la persécution va renaître.

Les tyrans, ses chefs, sont-ils des César ? Non. De grands capitaines ? non ; des politiques habiles ? pas davantage ; et pourtant, ils seront très-puissants et règneront, dans le sang, sur notre malheureux pays. D'où vient donc leur force ?

De la faiblesse du pouvoir et de l'égarement des représentants du peuple, qui, entraînés par l'orgueil et la révolte, vont le jeter dans la servitude plus vile et plus dégradante, que celle où languissaient les peuples païens, à la venue du Christ. Les novateurs répudient le vrai Dieu et n'en cherchent pas d'autre ; plus impies que les barbares, ils n'ont aucun culte.

L'âme perd toute sa fierté, l'intelligence sa pureté, la volonté sa force et son énergie, le crime est accepté, et l'erreur encensée.

Les tyrans, enhardis par leurs premiers succès, décrètent la mort. Les jours de séduction sont passés ; avec le pouvoir tombé, les jouissances et les plaisirs ont disparu ; les richesses, la sûreté, les trésors sont dissipés, l'effroi, la terreur règnent sur toutes les âmes.

Cependant le flambeau de la foi, ce flambeau si vivace n'était point encore éteint, sa lumière pâle et affaiblie va reparaître et éclairer de feux ardents la France étonnée. Il brille ce flambeau et un nouvel éclat réchauffe les âmes attiédies.

Et voilà que la liberté, cette fille du ciel, un instant enchaînée, va prendre un nouvel essor ; le Christ pleure sur les maux qui accablent sa France bien aimée, sa voix si douce, mais si puissante, vient rassurer les consciences troublées. Il reconforte celles qui ne sont qu'effrayées ; de son sang généreux, il purifie ses enfants coupables, il apporte le pardon et donne le courage.

Le fils du roi des cieux, comme autrefois à Rome, pour le premier des apôtres, s'assied près du roi chrétien, il descend dans les fers et le fils de saint Louis, le descendant de cette grande race, tant de fois sacrée et bénie, devient un héros.

Il voit la vérité, il faut qu'il la suive. La liberté reprend son empire. Son cœur l'avait égaré, son âme, par la foi, va le racheter le grandir et le sauver.

Il n'aura point à vaincre dans des combats brillants les ennemis de la France tant de fois battus par les armes de ses valeureux enfants. La victoire est plus dure et moins facile, ce ne sont plus des hommes qu'il a devant lui, c'est l'enfer déchaîné, ce sont des monstres, des suppôts, plus cruels que les Tibère et les Néron ; ce sont des enfants dénaturés, torturant le meilleur des pères ; ce sont des sujets révoltés qui, au nom d'une loi parjure qu'ils appellent liberté veulent immoler le plus patient, le plus doux des souverains.

C'est au souffle de la vraie liberté, que Louis XVI va triompher des tortures, des angoisses et de la mort. Oui, la liberté des enfants du Christ a reconquis son règne, le trône est vengé, l'autel purifié, le cloître ennobli et la France régénérée.

Qui dira la multiplicité des victimes, le nombre des glorieux martyrs de la foi ? qui dira la fière résignation du roi, tombant martyr sous la hache du bourreau ?... Les prisons sont trop étroites, les instruments de supplices et de mort insuffisants ; il faut en inventer de nouveaux. La guillotine, les noyades ne peuvent satisfaire la fureur et la cruauté des nouveaux tyrans. C'est à Dieu qu'ils en veulent ; mais ce Dieu qu'ils ont juré de détruire, les vaincra par l'indépendante liberté qu'il inspire aux chrétiens ; il confondra leurs maximes et leur liberté.

En effet, si l'exemple du Christ, leur Dieu, leur chef et leur modèle, inspire aux victimes saisies et captives le courage de le servir jusqu'au péril de leur vie; si elles veulent affronter la mort et cueillir les palmes immortelles du martyre, si c'est leur ambition, leur bonheur et leur gloire une fois dans les fers. Les chrétiens, libres encore de toute atteinte, savent qu'ils ont des devoirs à remplir : l'amour de la famille a grandi chez eux l'amour de la Patrie! ils la voient bouleversée par des lois aussi injustes que cruelles, aussi tyranniques qu'impies, ils la voient souillée par les crimes les plus atroces.

Leur devoir est de la délivrer des mains qui l'oppriment; leur devoir est de conserver la vraie liberté, de servir leur Dieu et leur souverain ; ils n'y failliront pas. Vont-ils se compter et mesurer leurs forces et leurs armes? Ils n'y songeront pas davantage, et les voilà debout ces fiers chrétiens, que le fer ennemi n'a jamais pu dompter. Leur roi est immolé, ils n'ont plus de chef : Dieu seul leur reste; mais Dieu seul est grand, ils connaissent sa loi, ils ont son amour et ses immortelles promesses. Que faudra-t-il de plus pour faire de ces simples paysans d'invincibles soldats, des chefs habiles?

Cependant les premiers tyrans sont tombés, leur mort ignominieuse relève le triomphe de leurs victimes et fait trembler leurs successeurs.

On ne parle que de liberté dans ce camp tout ouvert dont les meneurs semblent enchaînés. Leur intelligence est obscurcie, ne connaissant plus le bien, il n'ont plus ni fierté ni indépendance; on cherche parmi les patriotes un génie républicain, la liberté qu'ils prêchent et que j'ai déjà définie, ne peut en enfanter. Ils voudraient des dévouements et des apôtres pour grandir la raison, leur déesse adorée : mais ses autels sont brisés, ses temples déserts.

Le sang qui coule à flots, la multitude des vrais Français immolés en son honneur ont diminué le prestige de cette folle déesse; elle n'inspire que honte et défaillance, et le Dieu, que dans leur fureur, ils voulaient atteindre et détruire, leur apparaît triomphant et vengeur. Ils voient sa main puissante introduire dans leur cénacle la verge qui va les châtier au nom de leur liberté; car fille de l'erreur, elle ne sait produire que la confusion, l'esclavage et la lâcheté.

V

La République est vaincue et la Vendée survit à sa défaite.

Un jeune vainqueur a quitté les camps pour se présenter à cette assemblée d'ambitieux républicains, qui prêchant l'égalité, ne rêvent que pouvoir et puissance. Mais lâches et sans fierté, ils se laissent dominer, et Bonaparte reçoit de leurs mains tremblantes, et le pouvoir et la couronne qu'il a, croit-il, gagnés par son épée. La pauvre France, tremblante d'effroi, couverte de sang et de honte, semble se rassurer. Son nouveau chef est un vainqueur, elle les a tant aimés !...

Avide d'autorité, plus avide encore de victoires, ce jeune souverain veut tout réformer et voir à ses pieds les peuples, les empereurs et les rois; orgueil insensé! qui dépassera son génie.

Pourtant Napoléon aime le vrai courage, il comprend la fière liberté des enfants du Christ ; il admire la fidélité, et il appelle géants, ces vaillants lutteurs Vendéens, tombant par milliers et renaissant sans cesse de leurs cendres, pour former des pléiades de héros invincibles.

Le conquérant s'incline devant le Dieu de pareils combats, il redoute la fière indépendance de la Vendée, lui rend le culte que sa foi réclame ; et la France, lavée dans le sang, redevient la fille de l'Église.

Gloire et victoire à la liberté des enfants du Christ !

ce n'est pas son premier triomphe, fasse le ciel qu'il ne soit pas le dernier !

Les républicains vaincus appellent révolte cette juste résistance à leur tyrannie et à leur impiété ; ce fut une lutte, lutte légitime et nécessaire du bien contre le mal, du ciel contre l'enfer ; lutte sacrée qui dans ces temps de décadence, rappela l'énergique liberté des apôtres et des martyrs, et dépassa la résistance des catholiques aux erreurs du protestantisme ; car elle obtint de Dieu que le plus orgueilleux des Césars s'inclinât devant sa majesté et vengeât le roi martyr par la défaite de ses bourreaux.

L'empereur n'adorait, comme je l'ai dit, que le Dieu des combats ; il voulait pour réaliser ses rêves insensés, fruits amers de son insatiable ambition et de son orgueil effréné, commander à l'Europe entière et régner en pontife sur Rome, la cité du Christ. Cependant le colosse ennemi, tant de fois battu et humilié, ou pour mieux dire magnétisé, sort tout à coup de son léthargique sommeil, tout bardé de bronze et d'acier. Il foule de ses larges pieds le sol de notre malheureux pays, épuisé par d'innombrables batailles ; il envahit la capitale et contraint le favori de la victoire à s'avouer enfin vaincu.

Le colosse se nomme l'Angleterre, la Russie, la Prusse, l'Autriche, l'Europe entière. Il veut partager cette belle France qu'il craint encore autant qu'il l'envie. Pourtant il songe à la Bretagne, au midi et à la Normandie entraînés par la Vendée. Il connaît leurs efforts généreux, leur attachement indomptable à la religion du Christ et aux Bourbons, et comme il veut la paix à tout prix il condamne à l'exil l'empereur tombé et abandonné, et laisse les chemins ouverts aux princes et aux rois.

Mais Napoléon a conduit ses légions si souvent à la victoire ; tant de fois il leur parut invincible, elles ont comme lui, un tel amour des combats que quelques mois à peine font oublier sa défaite. Généraux et sol-

dats redemandent leur grand capitaine qu'ils rougissent
d'avoir abandonné dans un instant de suprême lassitude
et les voilà réunis, plus redoutables que jamais.

Toutefois l'empereur ne put oublier la Vendée, elle
lui parut renaître, il entendit ces fiers combattants
redemander, avec leur Dieu, leur roi chrétien ; il entendit leur serment redoutable de vaincre ou de mourir
plutôt que de renoncer à la liberté, dans l'obéissance et
l'adoration. Effrayé, il envoie contre eux cinquante
mille de ses vaillants soldats, pour s'opposer à la rentrée des Bourbons, que son terrible réveil avait forcés
de quitter encore une fois la France, si enthousiasmée
et si heureuse de leur apparition. Mais dans la lutte
suprême qui allait s'engager, c'était trop d'en éloigner
cinquante mille hommes, et il succcomba sous les efforts
de ses ennemis.

Deux fois les étrangers ont laissé à la France ses
rois et ses croyances, et deux fois la Vendée, aidée de
quelques provinces, ses sœurs dans la fidélité à Dieu et
au roi, a conjuré la ruine dont nous menaçait la terrible
invasion que la République avait préparée, et que
Napoléon avait définitivement attirée.

O puissance de la liberté chrétienne, que tu es grande
et réparatrice ! Tu avais formé le plus beau royaume du
monde, la Révolution semblait l'avoir anéanti, et sous
ton empire le voilà rétabli dans ses joies, ses espérances
et sa grandeur.

On t'appelle révolte, et moi je dis avec l'histoire,
que tu es l'ordre, la soumission aux lois de la nature
sanctionnées de Dieu ; tu es obéissance, amour et
dévouement envers l'autorité légitimée par sa sagesse et
sa puissance répandues sur les peuples. On t'appelle
révolte, et les tyrans que tu as vaincus en résistant à
leurs lois iniques, tu ne les as jamais assassinés ni
maudits. Tu as horreur du sang, tu ne veux pas de
victimes, tu ne connais pas la vengeance. Et si ton indépendance et ta fierté native te forcèrent un jour à

tirer l'épée, pour soutenir le droit et l'opprimé, conserver la famille et le foyer ; tu renvoyas les prisonniers,
tu pardonnas aux vaincus, tu prias pour tes bourreaux !
et tu serais la révolte? Non, cent fois non!...

Tu es la suprème puissance, pour abattre les révoltés contre Dieu et ses lois ; pour abattre les révoltés
contre la société et les chefs qui l'ont instituée, pour
combattre l'erreur contre le bien, le crime contre la
vertu.

Telle fut la liberté qui enfanta l'héroïsme Vendéen
en lui inspirant cette volonté plus forte que les supplices
et la mort, de relever ses autels et le trône, de renverser la Révolution et ses sicaires. La République livide
de honte, rouge de sang, et l'Empire dans son flot d'orgueil et son faux amour de la gloire, couvrant de fleurs
et de lauriers ses innombrables victimes, avaient épuisé
notre pauvre France, toute meurtrie et presque sans
vie, elle résuscite et se relève triomphante, pour recevoir
son époux et son roi.

Avec lui, ses blessures sont bientôt cicatrisées, sa
rançon payée ; et la voilà tout aussi belle, tout aussi
puissante que jamais, qui, au souffle de la vraie liberté,
va porter la paix à l'Espagne et à la Grèce, et planter
la croix sur le rivage Africain.

VI

On pouvait croire la Révolution vaincue, et pour toujours. Oui, l'hydre terrible et farouche qui avait souillé la patrie de sa bave repoussante, qui l'avait blessée de son dard empoisonné, semblait décapité ; car ses têtes multiples s'étaient étouffées dans le sang des plaies profondes que le monstre avait creusées ; mais le rusé serpent avait quitté la montagne, il était descendu dans la plaine pour y cacher ses têtes renaissantes, sous le manteau des Voltaire et des Jean-Jacques qui l'avaient attiré sur notre sol.

Ces novateurs, avec le monstre qu'ils avaient apporté, laissaient leurs enseignements et leur génie du mal, comme lui, ils vivaient toujours pour le malheur du genre humain.

Ils ont, ces novateurs, inventé une nouvelle liberté fondée sur les prétendus droits de l'homme, pour l'affranchir des droits de Dieu, son Créateur, des décisions de l'Église, son guide infaillible et souverain, et de toute autorité légitime. Ils ont lacéré tous les contrats des peuples et des rois ; chaque citoyen est un souverain, et ses droits, sans limites.

Dans ce chaos de doctrines ténébreuses et perverses, où trouver la vérité ? et, sans la vérité, que devient la volonté ? La liberté qu'elle produit est la licence ; l'égalité et la fraternité qu'elle prêche sont un mensonge ;

les passions en sont la seule règle ; et le désordre, la seule et triste conséquence.

Malheureusement ces doctrines étaient séduisantes, et malgré l'effroi causé par leurs premiers essais sur notre trop malheureux pays, elles plaisaient encore. Elles détruisaient chaque jour les bases de la sagesse divine, et la raison proclamée souveraine par la nouvelle philosophie était adorée, et près du trône, et près de l'autel.

Toute Révolution était légitime et paraissait naturelle, et contre le roi et contre l'Église. Contre le roi on va le chasser encore ; contre l'Église, on ne peut la détruire, mais pour l'affaiblir, le gallicanisme et le libéralisme entourent Charles X, ce roi chevalier, trop droit pour être défiant, et lui arrachent l'édit de proscription des défenseurs de l'autel et du trône, les plus sûrs et les plus ardents, ces rudes pionniers qu'aucun combat ne peut abattre, et dont le nom seul est l'épouvante des enfants de ténèbre et la gloire de l'Église.

En effet l'Église gallicane était catholique, apostolique, elle n'était romaine qu'avec réserve, et c'est avec ces nouveaux noms plus euphoniques, et par là, plus rassurants que ceux du vocabulaire de Robespierre et de Danton, qu'au nom de la liberté nouvelle, la Révolution va naître. Elle s'appelle monarchie, monarchie bâtarde, sans droit, sans dignité, sans puissance. Ne pouvant réprimer le mal, elle entrave prudemment le bien ; son système est l'équilibre, son habileté consiste à rester tout au centre du balancier qui tient les deux plateaux.

Telle fut l'autorité du monarque bourgeois ; sa religion le gallicanisme, sa politique le libéralisme, ses fruits, le matérialisme ! Pourtant hâtons-nous de le dire ; pendant ce règne si effacé, la vraie liberté, semblant se recueillir, exerçait dans l'ombre son activité ; paralysée en apparence au souffle de tiédeur dont elle était enveloppée ; elle poussait ses enfants, tout épris de l'amour du Christ, et dans le cloître, et dans le sanctuaire.

Là, plongés dans l'étude et le silence, des religieux et des clercs, en grand nombre, gémissaient sur les maux qui venaient de nous accabler, et en cherchaient les remèdes dans la pratique de toutes les vertus.

Là, grandissait la liberté qu'allaient défendre si vaillamment les Guéranger, les Lacordaire, les Ravignan et tant d'autres apôtres qui feront triompher l'Église en relevant le Christ par la foi.

Mais la liberté nouvelle qui avait élevé ce nouveau trône, aussi inconstante que les principes qui la donnent, le renverse sans remords ; et le souverain, tout entouré qu'il était de la plus belle famille qu'une nation puisse ambitionner pour la conduire et la gouverner, au moindre bruit, se hâte de quitter avec elle la France dont il ne regrettait que les immenses richesses qu'il y laissait.

Encore une révolution, elle semble douce et tranquille, et se fait sans commotion ! C'est pourtant une République ; cette fois, elle paraît vouloir justifier son titre de *res publica* (Chacun le croit ainsi.) On crie vive la liberté ? Et en vérité on ne sait trop de laquelle il s'agit, on plante ses arbres symboliques ; la religion dont on ne s'occupait guère, et qui vivait dans l'ombre, n'est pas repoussée, ses ministres se montrent partout, ils bénissent les arbres plantés.

Cependant le sang coule, car le désordre règne aussi. L'archevêque de Paris, Mgr Affre, emporté par son ardente charité, paraît avec le Christ, sur une barricade ; et, comme son divin maître, il meurt victime de son dévouement pour le peuple que son martyre semble devoir calmer.

Tous les partis se réjouissent, tous espèrent la victoire : Royalistes, légitimistes, impérialistes, républicains, tous ravivent leurs souvenirs, tous sont pleins d'espérance, tous proclament la liberté.

Les catholiques n'ont pas moins d'espoir. Le nom de Dieu, qui, sous le règne précédent, était à peine prononcé, et n'était jamais écrit, est accepté du public. Que dis-je? Le bouillant défenseur de la liberté dans le Christ, Lacordaire, paraît à l'Assemblée, vêtu du froc monastique; des évêques, des prêtres, siègent près de lui, confondus avec les Thiers et les Guizot, les Cavaignac et les Jules Favre et autres, les de Falloux et les Berryer.

On veut un Président, et la promesse de défendre Rome attaquée par les *Carbonari,* sera le prix de cette dignité. Napoléon l'obtient; on travaille avec une ardeur fébrile à lui gagner des suffrages; il est nommé, et la République est debout.

Les lois d'enseignement sont élargies, le Président se dit religieux, plusieurs évêques et grand nombre des membres du clergé croient à sa feinte dévotion. Le suffrage du peuple paraît sage et puissant, et la République, une bonne institution.

En effet, cette évolution dans la révolution se fit avec tous les efforts réunis de la raison humaine; les partisans mêmes du pouvoir tombé se sont ralliés facilement à un état de chose qui leur donnait toutes chances de revoir bientôt les d'Orléans reprendre l'autorité et la direction des affaires. Ce parti était puissant; il comptait les doctrinaires, les libéraux, les commerçants, les banquiers et les gens d'affaire qui, pendant la longue paix du règne, avaient joui largement du produit de leurs tripots usuraires.

Les légitimistes espéraient que cette République ne serait pas de longue durée; ils croyaient que la France, fatiguée de ses essais infructueux, et humiliée du rôle peu glorieux qu'on lui faisait jouer, reviendrait facilement à ses anciennes institutions qui lui avaient procuré la jouissance, le bonheur et la gloire.

Les impérialistes, satisfaits et pleins d'espérance, ne craignaient aucune compétition.

Et les républicains, infatués du titre qu'ils croyaient avoir imposé, jouissaient avec orgueil d'une satisfaction aussi vaine qu'elle fut éphémère.

Au milieu de ce contentement presque général, nos troupes partent pour Rome. Les cœurs vraiment français, les accompagnent de leur vœux, les temples retentissent de leurs prières... La nouvelle de leur victoire fut reçue avec une joie digne de l'évènement qui devait produire les plus grands effets.

La fille aînée de l'Église venait de donner à son chef, Pie IX, une preuve de son dévouement et de son vieil amour, et des liens étroits allaient unir pour toujours la France et le grand Pontife. Et cette union intime et sacrée fera triompher la vraie liberté.

Mais revenons aux évènements. Cette République si bien accueillie de tous les partis, sera-t-elle une puissance? Non, car elle n'aura ni force, ni durée; elle ne sera ni un pouvoir, ni une autorité, tant sont vains et inutiles les efforts de la nouvelle liberté, pour constituer un gouvernement par la révolte. Louis-Philippe était la révolte; cette République est encore la révolte; elle sera stérile et néfaste comme tout ce qu'elle enfante.

L'Assemblée qui se croyait d'autant plus forte qu'elle était plus nombreuse, d'autant plus infaillible qu'elle se trouvait plus éclairée, d'autant plus durable qu'elle représentait tous les partis; cette Assemblée n'avait pas voulu de souverain; elle n'avait placé près d'elle, pour conserver sa liberté,. qu'un serviteur décoré d'un grand titre et d'un grand nom.

Elle ne comprit pas la vraie liberté, son intelligence aveuglée ne vit pas le vrai. Maîtresse des destinées de la France, elle voulut les régler, oubliant que la vraie liberté des peuples ne réside que dans le dévoûment et la soumission à un pouvoir fort et puissant, à un pouvoir consacré de Dieu.

Aveugle, elle ne vit pas que ce pouvoir était encore vivant, ou plutôt, elle le vit, le repoussa au nom de la folle liberté, emportée par son fol amour d'autorité que lui inspirait sa déesse.

Elle sacrifie le bonheur et la gloire du peuple à sa propre ambition.

En effet, le président qu'elle avait fait nommer, de serviteur, veut devenir maître. Il se croyait, lui, appelé à d'autres destinées et au nom de sa propre liberté, car ces libertés sont multiples et personnelles, il fait main basse sur ce grand aréopage, et dans l'ombre de la nuit, on arrête individuellement les chefs de tous les partis ; et Napoléon, nouveau César, se proclame empereur.

Je ne puis trouver dans l'histoire aucun autre exemple aussi frappant de l'inanité de la sagesse des révoltés contre les lois de la nature, de la faiblesse de la liberté qu'elle donne, et de l'aveuglement qu'elle produit.

Un prince, élevé dans l'exil, à l'esprit éclairé, au cœur généreux, était là tout près. Sa trop tendre enfance l'avait empêché de repousser la révolte d'un oncle parjure. Et plus tard, quand il devint homme, l'amour de la paix qu'il croyait être l'avantage de son pays, lui avait fait suspendre sa revendication active de son droit. Je dis son droit, oui, car la liberté du Christ, dont il est le fervent adorateur, lui fait un devoir, devoir sacré, de ceindre la couronne de France.

En effet, est-ce que son intelligence très-développée ne lui montre pas l'inanité de tous ces pouvoirs empruntés ? Ne voit-il pas sa France défaillir ?

Ne sait-il pas quelle fut la puissance de ses pères soutenue par le bras de Dieu qui les avait sacrés, pour la venger dans ses épreuves, la grandir dans les combats, la diriger dans la paix ! Mais ce fut en vain qu'il attendit un signe, un seul mot.

La puissance de la liberté fut incomprise, et cette assemblée de savants diplomates, de philosophes, de libéraux habiles, livra la France et ses destinées au neveu du plus grand conquérant des temps modernes, dont la folie avait dépassé la sagesse ; la légèreté, l'orgueil, sa vaillance et sa suprême habileté.

En usurpant le pouvoir, Napoléon III promit la paix ; il ne donna que la guerre ; il promit d'assister le chef de l'Église à qui il devait la vie ou tout au moins la rupture de ses fers ; et, deux fois, il le trahit, pour le livrer à ses ennemis et aux nôtres.

Diplomate inhabile, il affaiblira la puissance de nos alliés naturels, il grandira celle de nos ennemis. Homme de guerre sans génie, il ne saura calculer ni le nombre, ni la valeur de ses adversaires ; encore moins saura-t-il choisir les positions d'attaque ou de défense. Vaincu, il ne saura pas mourir ; il couvrira de honte le nom si glorieux dans les armes du premier Napoléon, et il livrera le pays, sans chefs et sans armées, à la merci du vainqueur.

Tel fut le triste règne du Président usurpateur, nommé au chant de la liberté nouvelle, par les infaillibles créateurs de pouvoirs.

Cependant, au milieu de tous ces désordres enfantés par la République et le libéralisme, nous allons voir briller la liberté du Christ restée cachée dans l'ombre.

J'ai dit que, sous le règne précédent, le matérialisme grandi encore, avait fait tomber les âmes dans une torpeur effrayante.

Les grands courages s'étaient dirigés vers le cloître pour s'y préparer à la lutte.

J'ai nommé déjà dom Guéranger. Il a ressuscité à Solesme, à Ligugé, à Marseille et ailleurs, la savante, la noble, l'illustre famille Bénédictine.

Lacordaire a connu Solesme, et son abbé qui, comprenant cette âme ardente, l'envoie se tremper à Rome. Et, la voilà qui, enflammée de la sainte liberté des apôtres, revient la proclamer dans des accents désormais inconnus. Les voûtes de Notre-Dame en sont ébranlées, et les échos vont tressaillir au loin.

De nombreux disciples entourent le grand orateur, et les enfants de saint Dominique, les frères du docteur angélique, sont rendus à la patrie. Les Carmes, les

Franciscains, les Capucins, ces fidèles amis des pauvres, sont aussi revenus ; les moines, les religieux et religieuses couvrent le sol de la France, ils s'appellent légions !... Les uns prient dans le silence et la solitude ; tous travaillent au bien public, à la gloire de Dieu. Les apôtres sont partout.

Lacordaire avait attiré les savants et la jeunesse, par la beauté de son langage et la hardiesse de sa pensée ; la chaire de Notre-Dame devient un rendez-vous, rendez-vous sacré.

Ravignan, le saint Ravignan, aussi ardent que modeste, tout embrasé de l'amour du Christ, tout épris de charité pour les âmes, gravit les degrès de cette chaire devenue célèbre. Ce n'est plus le conquérant qui subjugue, l'athlète qui étonne, c'est l'aimant qui attire, c'est l'ami qui parle, c'est l'ami qui écoute, c'est le médecin qui guérit. Et la science étonnée, subjuguée hier, publie et bénit aujourd'hui le Dieu qu'elle méconnaissait.

Le Père Félix, par ses travaux, son langage et sa science continue l'œuvre de rédemption que le Père Monsabré semble élargir encore, par la pureté de sa parole, la sublime élévation de sa pensée et les audacieux défis qu'il porte à l'athéisme triomphant, de détrôner le Dieu qu'il adore.

Partout la loi du Christ est enseignée. Toutes les églises de France retentissent des louanges du Dieu de Clovis, de Charlemagne et de saint Louis.

Partout, sont ouvertes à l'enfance et à la jeunesse, des écoles chrétiennes, où la science et les succès dépassent ceux des enfants du siècle. Des milliers d'apôtres, sacrifiant les douceurs de la famille, et quittant la patrie, vont dans tous les mondes, porter la civilisation et avec le flambeau de la foi, la liberté du Christ et sa doctrine, renverser la barbarie et ses idoles.

Le clergé, dirigé par des prélats aussi savants que zélés, rivalise en science et en vertu avec les religieux, dans l'apostolat des âmes, et jamais, peut-être, le clergé français ne brilla d'un plus pur éclat.

O liberté sainte des enfants du Christ! que tu es puissante et quels fruits tu nous donnes! pendant que la liberté, fille de l'erreur, s'agite dans les conceptions aussi vaines que peu durables, aussi insensées qu'humiliantes, tu soutiens la France sur le bord de l'abîme; tu es sa seule gloire, et tu prépares sa résurrection et son triomphe.

Mais que suis-je pour chanter tes bienfaits? Il ne me reste qu'une voix presque éteinte, qu'une main tremblante pour les publier; cependant, mon âme a grandi dans les épreuves, elle est toute saisie de la fière liberté.

Mon sang est celui d'indomptables martyrs de l'amour de Dieu et de la patrie; comme eux, je vois la vérité; comme eux, je veux, avec ce qui me reste de vie, la défendre et la faire triompher!...

Le gallicanisme et le libéralisme ont montré leur puissance; puissance malsaine, elle a passé sur la patrie, comme un nuage obscur qui va nous rendre et plus vif, et plus bienfaisant, les rayons du soleil de justice et de vérité qui luit à Rome.

VII

Nous avons laissé Pie IX délivré par nos troupes, mais toujours livré à de nombreux ennemis; car l'enfer est contre lui. C'est là qu'il faut aller chercher des exemples régénérateurs de l'audace qu'inspire la vraie liberté, les exemples de la force divine qu'elle communique.

Voyez le chef de l'Église, seul, abandonné de toute puissance humaine; voudra-t-il quitter la terre? Non, il y restera pour la bénir, l'enrichir et l'éclairer.

Plus fort que le lion triomphant de ses armes, il va terrasser le gallicanisme, attaquer de front et victorieusement le libéralisme aussi ambitieux que stérile.

On veut résister à ce grand pontife; Dieu, par la voix d'un concile, le déclare infaillible.

Et le dogme de l'Immaculée Conception qu'il avait préconisé; et les saints qu'il proclame, et la source empoisonnée des pouvoirs nouveaux qu'il veut détourner et tarir; toutes les erreurs qu'il combat, font de ce pape, l'invincible apôtre de la liberté du Christ qui dans la puissante énergie de cette liberté, domine, vaincu et prisonnier, le monde entier s'inclinant devant la majesté de sa défaite!

Pie IX est fait prisonnier; il est dépouillé de son patrimoine; mais ce patrimoine, l'a-t-il abandonné sans défense? Non, sans doute, tout épris de la fière liberté, il fait appel aux catholiques, choisit un grand général, et demande des armes et des soldats.

Son armée eût été immense, et ses ennemis foudroyés, si la France, la fille ainée de l'Église, avait eu pour la commander, un descendant des Charlemagne et des saint Louis. Mais son chef, chef d'emprunt, cet empereur qui avait acheté l'entrée au pouvoir, par la promesse de sauver Rome et la République, sera deux fois parjure ; envers la République qu'il a écrasée, et envers Rome qu'il ne voudra plus soutenir. Il la perdra par ses fallacieuses promesses et les entraves qu'il mettra au départ des valeureux soldats qui veulent défendre l'Église et leur père.

Cependant, malgré ces entraves de tout genre, Lamoricière parvint à former des bataillons qui, en peu de temps, eussent été une armée suffisante pour repousser l'ennemi, si Napoléon, dont la seule force fut le parjure et le mensonge, n'eût encore renouvelé ses offres de secours. Car, qui le croirait? Il promettait de donner la vie, et il allait hâter la mort, en pressant l'attaque dans le camp des ennemis, disant à un de leurs envoyés près de lui : « Faites et faites vite ; » et le crime de la bête était consommé.

Mais Dieu est grand, et il n'avait déchaîné l'hydre infernale, que pour faire ressortir la puissance de la liberté, chez les enfants du Christ. Sous la conduite de Lamoricière, ce vaillant défenseur du droit, de nouvelles recrues marchent au martyre, comme de vieux soldats à la victoire.

Le grand pontife proteste et se défend toujours. Dieu a mis sur sa tête une triple couronne, ils n'en retirera pas un seul anneau. Son autorité est légitime, il doit la défendre, il le veut, il luttera sans cesse, et lorsque ses dernières armes et deux millions, produits de la charité chrétienne, lui seront enlevés par la force brutale, lorsque ses derniers soldats seront, je ne dirai pas mis hors de combat, ni vaincus, car il n'en resterait qu'un seul qu'il combattrait encore ; mais quand les brèches de l'antique Rome seront trop larges et trop répétées pour qu'il puisse la garder contre ces hordes de barbares, le souverain, le Père de la grande famille chrétienne, bénira le Dieu qui l'a consolé dans ses épreuves par tant d'actes d'héroïque courage ; il bénira ses fils généreux et les conservera pour réclamer encore et le sol qu'on lui arrache, et ses droits sacrés.

Honneur à la puissance de la vraie liberté qui donna tant de fierté à ses défenseurs, et couvrit, d'une honte ineffaçable, les indignes agresseurs et le parjure.

Ils n'étaient que quelques uns, ces héros, et cependant, ils ont rétabli la puissance du droit, car à Rome le droit n'a pas été abdiqué. Le martyr a quitté la terre, mais son successeur réclame encore, et réclamera jusqu'au jour où Dieu, dans sa justice, le rétablira dans ses droits, pour le triomphe de la légitimité et de la liberté, et la confusion des usurpateurs et des révoltés.

Grand exemple pour nous qui, oubliant tous nos devoirs, avons préféré nous incliner devant des souverains improvisés, aussi incapables qu'injustes, plutôt que d'accepter l'enfant du miracle ; cet enfant de nos rois, innocent de toute faiblesse, mûri par les épreuves, fort contre l'adversité, exempt d'ambition et de haine, et impatient de rentrer dans ses droits pour la grandeur et l'honneur de sa France humiliée.

O mon pays ! ne désespère pas ; ton sang coulait à Rome, pour venger la vraie liberté.

La vérité qu'il enfante triomphe par la doctrine du Christ et par la persécution. Rappelons-nous pour ranimer nos courages et traverser les nouvelles épreuves qui nous attendent, les victoires de Constantin avec ses fiers chrétiens dont les âmes et les corps s'étaient divinisés. Les âmes, au souffle ardent de la liberté ; les corps par le sang et la chair du Christ, par le mépris des richesses, l'obéissance et l'amour de la loi.

Mais j'entends dire partout : Qui peut nous sauver ?

Le découragement n'enfanta jamais que la défaite, et le désespoir est pire que la mort. Qui peut nous sauver? Le Dieu qui se rit de la puissance humaine, et ne laisse se mouvoir l'univers entier que pour sa gloire et la liberté des siens. Pour moi, je ne connais plus d'entraves et mon espérance est sans bornes, car je vois le salut et la vie. Je vois le monstre qui veut nous dévorer, le monstre qui, dans sa rage impie, veut déchirer les entrailles des mères chrétiennes et couvrir de sa bave immonde les enfants qu'elles ont couverts de leur amour, de leurs douleurs et de leurs prières.

Ces enfants, leur orgueil et leur consolation, elles nous les montrent, ces fruits de notre union, comme des victimes prêtes à être immolées, et elles crient vengeance ! Qui donc pourrait nous arrêter? des lois iniques, des tyrans sans génie? La crainte? le Français ne la connaît pas. Le désespoir? Dieu le maudit; et il donne la force et le courage à celui qui l'invoque, la victoire à celui qui combat pour la vérité et le droit. Il la donne à celui qui, fidèle à ses serments, veut défendre sa compagne, à celui qui, fier de son sang, veut en conserver l'honneur.

Et, cent fois, il la donne aux pères et mères qui veulent sauver les âmes de leurs enfants régénérés dans le Christ; et cent fois, il la donne au peuple assez généreux pour reconnaître ses erreurs, et revenir à sa loi : le droit et la vérité.

Quand la route est ouverte et si bien tracée, qui pourrait ne pas la suivre? quand l'erreur se montre, et avec elle, la cruauté et l'esclavage, qui voudrait l'accepter?

Bénissons donc le Dieu d'Israël; il confond nos ennemis ; il les abandonne ; les épreuves touchent à leur fin, puisqu'il nous défend de les supporter plus longtemps.

Pour nous aider, nous éclairer et nous soutenir, depuis le règne de ces révolutionnaires, la religion du

Christ qu'ils persécutent, n'a jamais été plus florissante ;
les chefs de l'Église plus remarquables !

Quelle série de grands papes ! Grégoire XVI, Pie IX
et Léon XIII ! Quels défenseurs de la liberté du Christ
devant le droit attaqué ! les religieux, les religieuses
plus édifiants et plus zélés, priant pour le salut de notre
France, le clergé plus régulier, l'épicospat plus attaché
à la chaire de Pierre.

Qu'avons-nous donc à craindre ? il ne nous manque
qu'une vertu ; l'énergique résistance dans la plus ferme
espérance du triomphe.

Mais revenons à Napoléon, ou plutôt, arrivons à ces
hommes assez téméraires pour assumer la responsabilité
de ses actes, pendant qu'il est prisonnier avec son armée
au pouvoir de nos ennemis.

Ils devraient, ces brouillons ambitieux, demander la
paix et la cessation d'une guerre imprudente dont l'au-
teur était entre les mains de ceux qu'il avait attaqués ;
mais non, ils continueront cette guerre insensée !

S'ils eussent été impérialistes, leur résistance pourrait se comprendre. Quand le peuple aime le souverain,
il a confiance en lui, il veut le sauver, et fait de justes
sacrifices pour retrouver son chef, chef, sans lequel il
tombe presque toujours dans le désordre et les commo-
tions ; car il lui faut un guide, et il le sait ; mais ici,
pas d'amour, encore moins de dévouement, personne ne
songe au vaincu, si ce n'est pour l'accabler d'outrages
et d'oubli.

Pourtant sept millions de suffrages venaient de l'ac-
clamer !

Pauvre peuple ! autant tu fus grand et puissant dans
l'obéissance et la fidélité à tes rois, autant tu es faible
et ignorant dans ta souverajneté ! Tu le croyais capable
cet homme, il ne fut qu'un viveur et un ambitieux ! Tu
vivais comme lui dans les mêmes désordres, et tous
deux, souverains usurpateurs, vous avez la faiblesse des
orgueilleux dans la défaite.

Napoléon rend son épée sans la briser dans le cœur de son ennemi, et toi, souverain multitude, tu ne sais que fuir devant les Prussiens ; et vous parlez de liberté, vous ne fûtes que des esclaves !

Cependant la Défense nationale, c'était le nom du pouvoir nouveau, s'agite et fait de larges promesses ; elle doit reconquérir et tout sauver, bien plus, elle doit venger le pays ; elle accepte tous les dévouements, mais aussi fait appel à tous les aventuriers.

Elle fabrique des armes et des soldats, fait des plans de campagne ; mais, c'est en vain qu'elle appelle la victoire, elle n'a pas le génie qui la donne, la fière liberté qui la domine. Cependant, il y eut de très-beaux faits d'arme, de grands courages, mais isolés. La masse des hommes, non seulement ne voulait pas se battre ; mais elle acceptait facilement les Prussiens dont elle préférait l'or et l'argent à la gloire de son pays ; de telle sorte que ses défenseurs ne trouvaient ni vivres, ni protection : on ne vit jamais pareille lâcheté ; jamais moins d'amour de la France et pourtant jamais on n'entendit plus d'appels au patriotisme nouveau, à la liberté. nouvelle...

Aussi, au milieu de toutes ces horreurs, le faible rayon de la fière liberté, de cette liberté engendrée par la charité et le dévoûment qui perce les ténèbres, n'apparut que plus brillant et plus bienfaisant dans les frémissements de la défaite et les douleurs du combat.

Les moines quittent leurs retraites et leurs cloîtres, les religieux et les religieuses de charité, les frères des écoles chrétiennes, les prêtres se partagent entre ceux qui restent au foyer et ceux qui les défendent.

Les prélats nourrissent les enfants et les femmes de ceux qui marchent contre l'ennemi et si cet ennemi envahit leurs troupeaux, ils avancent vers lui, et sans peur et sans crainte, ils dominent ses emportements et le contraignent au respect du malheur.

Là, pas de défaillance ; tous ces apôtres de la liberté

sont au milieu des batailles. soignant les blessés, les encourageant, les aidant à mourir sans regret. Le bruit de la mitraille ne peut les faire pâlir ; ils exhortent les combattants, et dans tous les rangs, ils portent avec l'amour de la patrie qui les dévore, des paroles de vaillance et d'audace.

Pie IX, abandonné par nos troupes, semblant oublier ses douleurs, gémit des maux qui nous accablent; il lève ses mains suppliantes vers le ciel, et prie pour cette France qu'il voudrait sauver ; pour elle il se dépouille et lui envoie le peu de braves qui lui restent.

Les zouaves pontificaux arrivent, ils ne sont qu'une poignée, mais ils feront des prodiges! Partout où l'ennemi les rencontre, il faut les immoler, il ne peut jamais, ni les faire reculer, ni arracher leurs armes. Ce sont des soldats chrétiens, ils aiment la patrie, et méprisent la mort; leur chef est breton, c'est Charette!

Et moi aussi, je sentis l'aiguillon de la vraie liberté; entouré de vaillants combattants. enflammés comme moi de l'amour du pays, nous ne connûmes ni la fuite ni la défaite.

Je ne dirai pas ici ce qui donna aux zouaves de Charette la force de résister à de si rudes combats et aux miens celle d'arrêter si souvent l'ennemi; j'y reviendrai un peu plus tard. Qu'il me suffise de répéter à la gloire de nos soldats ce que Gambetta disait hautement à la Chambre de Versailles : que nous avions sauvé l'honneur de la France.

Et je me hâte d'ajouter que les d'Aurelle, les Bourbaki, les Chanzy et d'autres généraux, transportés du vieil amour du succès et de la victoire et pleins de rage de la défaite, firent des efforts surhumains pour résister à l'ennemi, et qu'aidés des vieilles troupes, des anciens guides de Lamoricière, d'anciens zouaves devenus des chefs aussi vaillants que prudents, et des volontaires intrépides, les Keller, les Carayon-Latour et tant d'autres, avaient pu démontrer à la Prusse et à la France

que, sous un prince puissant, l'armée eût été victorieuse, la France triomphante et l'ennemi vaincu.

Mais avançons ; Paris, épris de la folle liberté, croule
dans le désordre et l'anarchie, plutôt que sous les coups
de l'ennemi.

Metz, victime d'un autre aveuglement, succombe : il
faut traiter avec le redoutable vainqueur.

Ce gouvernement improvisé ne lui inspire aucune
confiance, cependant il ne réclame pas la France et son
roi ; il connaît leur puissance dont il a si souvent frémi.
Il appelle à la signature de la paix le peuple tout entier, par ses représentants ; ce peuple a des trésors, il
saura les donner : son engagement lui suffit.

La République se présente et grandit, par sa propre
faiblesse, la victoire de l'ennemi qui flatte et bénit ceux
qui l'enfantent.

Le roi Guillaume avait battu, par les armes, un souverain imprudent qui l'avait attaqué sans hommes et
sans matériel de guerre, et battu des républicains, plus
imprudents encore, luttant avec des foules sans courage,
sans provisions et sans le moindre amour des combats.

Guillaume se réjouit donc à la nouvelle de la procla-
mation de la République, et rassuré, il laisse à Bismarck
le soin de tout régler. Ce fin politique n'avait point à
traiter avec une puissance : rien ne l'arrête, dans son
désir immodéré de nous rapetisser. Il garde le Rhin,
nos provinces et nos citadelles frontières, et prend dans
nos coffres cinq milliards.

O liberté ! suprême puissance ! tu ne domines plus
la France, tu ne domines que quelques âmes, et pourtant, tu es le levain qui nous promet la force et la résurrection ; mais tu as quitté le sol de la patrie, avec
nos vieux rois ; je ne te vois plus régner. Je ne rencontre dans les masses ni force ni sagesse ; leur intelligence ne voit pas le bien ou si elle le voit, les âmes
n'ont plus ni flamme ni volonté pour l'entreprendre et
le faire prévaloir.

Reviens donc, fière liberté des enfants du Christ qui à Rome renversa les lois impies, les tyrans et les idoles, et se donna un souverain protecteur ; liberté qui arrêta le vaillant et bouillant Henri IV et le força à abdiquer ses erreurs, à les combattre, à rendre plus puissants les enseignements du Christ. Reviens donc !

Où es-tu liberté de la Vendée et de la Bretagne qui avec ses paysans et ses nobles ont su détruire la Révolution, intimider l'empire et lui faire adorer ton Dieu, étonner l'Europe entière et la forcer à redonner à la France épuisée ses vieux rois, son indépendance et sa fierté.

VIII

Enfin c'est la République ; ce titre ne plaît pas à tous ; on voudrait le changer et la course s'établit entre les partis ; car la rapidité dans les évolutions doit donner le succès.

Les royalistes tiennent la corde, un royaume peut-être reconstitué. Mais les royalistes s'appellent légitimistes, orléanistes, impérialistes , ils perdent leur temps dans les tribunes, en discussions stériles ; les juges, des libéraux, veulent tout régler. Surtout pas de République disent-ils ; et pendant ces discussions interminables, les vrais républicains, distancés d'abord, arrivent au but, gagnant d'une demi-tête... sans cervelle, je crains.

En effet, on fait une constitution appelée révisable, peu faite pour la France qui n'a jamais enregistré, dans sa langue le mot très-incompris *de révisable*, surtout pour définir une loi souveraine et inattaquable.

Le Sénat se recrute en partie, par des compromis inexplicables, et tout semble marcher à la déraison, à la folie.

Voilà donc ce pouvoir conquis à la majorité d'une seule voix, et ce, pendant que la majorité réelle s'affaiblit et s'attarde dans la dispute et la jalousie.

Le peuple souverain, à la condition qu'il soit apte à créer l'autorité, pouvait-il s'attendre à ces jeux insensés de ses mandataires, et leur folie peut-elle l'engager à obéir en conscience à une autorité sortant d'une semblable fabrique?

Mais négligeons son origine, voyons ce qu'il est, ce pouvoir; examinons ses actes et ses engagements.

Qu'est-il donc, ce pouvoir de la République? Un pouvoir sans tête, quoique le souverain qui l'ait délégué en ait des millions; beaucoup trop pour y trouver l'autorité, la sagesse et la prudence. Ce délégué n'est pas un pouvoir, une tête, je l'ai déjà dit; c'est un homme qui vit dans l'ombre, ne peut rien de lui-même, et n'a besoin que d'une griffe pour régner: ainsi le veut la constitution qui peut être révisée.

Ce Président temporaire n'est pas responsable; il n'est donc pas l'autorité; non, il l'a déléguée à onze, douze, treize citoyens qu'on appelle ministres. Ils gouvernent, agissent, parlent et parlent beaucoup, tant, si souvent qu'ils se contredisent eux-mêmes, selon leur propre intérêt; ils sont responsables...

Ce pouvoir est un aréopage; il gouverne à la majorité de ses voix; mais je me trompe, il ne gouverne pas. La Chambre fait les lois, décide de la paix ou de la guerre, en face de l'ennemi qui l'écoute en souriant.

Les décisions ne sont pas encore souveraines. Le Sénat doit les contrôler, les rejeter ou les accepter, et les ministres, le gouvernement, les enregistrer, les faire exécuter, si elles lui conviennent; sinon d'autres les remplacent, puis d'autres encore.

Les libéraux succèdent aux radicaux, les centres aux extrêmes.

De sorte que le Président de la République est le souverain immobile, sans responsabilité; les ministres sont des hommes d'affaires, et pourtant le souverain et les ministres réunis s'appellent le gouvernement, c'est en vain qu'on cherche un chef, une puissance.

Pourtant il en faut une grande pour gouverner le peuple le plus léger, le plus spirituel, le plus frondeur, et le moins pratique du monde; et cette puissance, c'est ce peuple qui l'a fondée, et qui à chaque élection peut la renverser et la briser, comme le potier sa tasse, le marbrier sa table, c'est ce même peuple qui doit la reconnaître et lui rester soumis.

Cette autorité, est-elle un pouvoir établi ? Non, c'est un pouvoir à l'essai. Le titre même de République, inscrit en tête de la Constitution, peut être changé avec la forme du gouvernement.

En effet, si la Constitution peut être révisée, elle peut être bouleversée, anéantie.

Malgré sa faiblesse de constitution, ou plutôt à cause de cette faiblesse, véritable maladie fébrile, le gouvernement est beaucoup plus nerveux et entreprenant que le chef le plus autocratique ; il édicte toutes les réformes imaginables et inimaginables, il ne veut pas laisser à à chacun le soin de s'occuper de ses affaires, comme il l'entend ; il veut tout diriger, non seulement dans les lieux publics abandonnés à sa surveillance, mais il pénètre partout ; dans les temples, jusqu'au sanctuaire, dans les séminaires, dans les écoles, dans l'intérieur de la famille à qui il veut, suprême folie, enlever le droit, droit de nature, de diriger ses enfants.

Cependant la France est catholique, elle est soumise à l'Église ; sa religion, celle du Christ, était la religion de l'État.

C'est-à-dire que la première condition du pouvoir pour qu'il fût acceptable et respecté, était qu'il fût catholique et que ses lois fussent toutes empreintes de l'esprit du décalogue.

Que fait la République ? Elle attaque Dieu lui-même, abroge la loi de la sanctification du jour du Seigneur, par le repos et la défense de tout travail servile, et pour y arriver plus sûrement et sans conteste, elle s'y prépare en portant des coups vigoureux aux chefs de l'Église et à tout le clergé, afin qu'ils ne viennent pas protester trop hautement contre cette usurpation sur le pouvoir suprême.

C'est un serpent qui siffle pour immobiliser son ennemi; c'est le lion qui rugit pour atterrer l'intrépide chasseur.

Elle va les frapper au cœur et chercher à leur enlever leurs droits les plus sacrés.

Oui, nos gouvernants, afin d'établir la République sur une base solide et donner à leur machine gouvernementale un axe bien trempé et qui ne pût ni s'oxider, ni se rompre, ont rêvé de détruire l'instruction religieuse et l'éducation chrétienne. Ils veulent créer à leur image, une France nouvelle, athée, libre penseuse, matérialiste, toute républicaine qui permette tout fonctionnement dans l'unité et sans à-coup.

Pour y arriver plus finement et sans bruit, ils présentent un petit article 7, très anodin et glissé comme par hasard dans une loi très utile, disaient-ils, et véritable expression de leur projet.

Mais cet article 7 était, à lui seul, tout une loi, plus qu'une loi, une véritable révolte contre la vraie liberté. Il ne fut pas voté par le Sénat.

Le projet devait être abandonné, ainsi le voulait la Constitution : mais la Constitution est révisable et Constans a le droit de la réviser. En effet, la Chambre, furieuse de l'opposition de sa sœur aînée, et d'accord avec le ministre de l'intérieur, pas trop, dit-on, avec le Président, ce que j'ignore, déclare qu'on n'a pas besoin de nouvelles lois, que des décrets seront plus que suffisants, non plus pour chasser une ou deux corporations religieuses, mais toutes celles qui ne conviennent pas à la République.

Pourtant, toutes ces corporations vivaient paisiblement chez elles, dans leur propriété; presque toutes établies pour ce qu'elles possédaient en société civile, d'après les lois sur la matière.

Elles n'avaient commis aucun crime, ne troublaient jamais la tranquillité publique, ne faisaient en communauté ou individuellement, rien autre chose que ce qui est permis à tout citoyen. Elles payaient l'impôt qu'on encaissait bel et bien; que pouvait-on leur reprocher?...

Les religieux et les moines sont des conspirateurs dangereux pour la France, donc il faut en purger le sol.

Cependant le conseil des ministres est responsable et le prudent Freycinet qui en était le président, lorsque cette décision fut prise, en dehors des droits constitutionnels, voulut tenter avec un esprit machiavélique et le Pape, et les évêques et tous les chefs d'ordre. On essaya de les désunir entre eux, de les séparer du clergé, on trouvait difficile et dangereux pour un pouvoir si mal assis d'entreprendre une si grosse affaire.

Freycinet aurait voulu attendre une occasion favorable, un moment plus propice; il espérait peut-être un retour à ses idées, plus conciliantes et plus en rapport avec la liberté promise, afin qu'on ne l'accusât pas toujours avec raison, d'incliner vers l'arbitraire et l'injustice, et pourquoi ne pas le dire, vers la tyrannie; le ministre chrétien protestant échoue dans ses tentatives, il donne sa démission. La majorité du conseil persévère dans le crime; contre la loi, il veut chasser les défenseurs de la justice; contre Dieu, ses vaillants apôtres; contre Rome, ses enfants soumis; contre la France, ses fils les plus dévoués et les plus utiles, les plus savants et les plus modestes, son orgueil, sa consolation et sa force.

Le grand ministre Ferry avait pris la présidence, et Constans, la responsabilité directe d'une mission, aussi triste que barbare et injuste. Et d'un bout de la France à l'autre, on ne parle que de ces décrets infâmes au cœur catholique ou ami de la liberté; décrets indispensables aux esprits tyranniques et athés des plus ardents républicains; l'expulsion est décidée, le crime est perpétré.

On a violé le domicile des moines et des religieux qui ne se sont défendus, ces hommes de paix, que pour enregistrer le vandalisme de leurs ennemis contre leurs droits méconnus.

Des amis fidèles et dévoués les ont assistés, ont protesté avec eux et comme eux. Elles le voulaient ainsi, ces âmes ardentes, avides de sacrifice et de charité : il fallut obéir et se taire.

Toutefois un grand hommage fut rendu à la foi persécutée ; l'injustice du gouvernement fut publiée par les membres les plus célèbres du barreau, par les jurisconsultes les plus habiles et les 'plus indépendants ; ils quittent nombreux les postes honorables qu'ils occupaient.

On pouvait espérer·que tant de victimes sacrifiées, sans droit et sans pudeur, feraient rougir le gouvernement, qu'il reviendrait sur ces mesures dignes des barbares.

On pensait que la faiblesse avait été leur mobile, et qu'après avoir satisfait l'athéisme révolté contre Dieu et l'honneur de la France ; ces hommes, pris de honte et de repentir, fermeraient au moins les yeux sur la paisible rentrée des pauvres moines dans leur cellule et leurs champs, seul abri et seul pain quotidien. Ils le pensaient eux-mêmes, ces bons religieux, les catholiques aussi, et tous se sont trompés !...

De cette campagne, car il y eut des sièges, que reste-t-il devant l'histoire? Une ignominie qu'elle ne pourra ni comprendre ni expliquer, mais qu'elle enregistrera rigoureusement. Que reste-t-il devant la République? Des catholiques, des hommes libres indignés, ne voyant plus que des ennemis dans l'État; des persécuteurs de leur foi, de leur liberté et de leur honneur; des Français humiliés d'avoir jamais supporté un tel gouvernement.

Que reste-t-il devant Dieu? des martyrs de son amour et de sa loi, des prévaricateurs qu'il a maudits et qui marcheront d'opprobres en opprobres, jusqu'à leur ruine aussi certaine que méritée. Il ne reste pas même un semblant de pouvoir qui croule dans le déshonneur et l'impuissance, mais un parti républicain qui, pour se soutenir, nous présente de nouveaux poisons.

Il est déjà dissous dans l'officine républicaine, mais c'est la République qui va le boire, cette fois. La dose est-elle assez forte pour détruire l'hydre toujours renaissante, pour confondre la philosophie et ses nombreux adeptes? En attendant, le désordre est dans le camp...

Le géant républicain, le tribun dominateur, le politique habile, le grand meneur, l'espoir de tous, accepte enfin le pouvoir. Il n'est inscrit que le second dans l'État; mais il prime le premier.

On ne parle que de Gambetta, tous les yeux sont tournés vers lui; c'est un sauveur, les ennemis de la République sont préoccupés et presque résignés à le supporter, ses amis sont triomphants. Ils le regardent comme invulnérable et immortel.

Mais ce triomphe du libérateur ne dura que le temps des roses; à peine l'astre s'était-il élevé au dessus de l'horizon que les étoiles s'effaçaient et qu'il ne rencontrait que quelques satellites pâles et inconnus. Ce fait si naturel étonna, on attendait un phénomène, on comptait sur la puissance de la déesse raison et de la liberté, en faveur d'un adorateur aussi fidèle!... Mais on reconnut avec stupeur qu'elle ne régnait point au Ciel et que l'enfer ne peut rien contre les immortels principes de la nature.

Ce pronostic de mauvais augure calma les plus ardents, ralentit les modérés parmi les admirateurs du grand citoyen, réveilla les endormis, et redonna toute espérance à ses ennemis.

Le mépris et l'admiration, la haine et l'amour, l'espérance et le découragement, se livrèrent des assauts et des batailles dont la République fut épouvantée.

Le héros lui-même déconcerté sembla perdre de son habileté habituelle, il ne voulut pas tourner un obstacle; il ne tint aucun compte de l'opinion publique, et descendit brusquement du pouvoir, tombant de tout son poids avec le veau d'or qu'il avait si dévotement adoré.

La Bourse, le premier des temples, fut désertée, et son dieu maudit : la République était ébranlée.

Pourtant on se remet, on se remue ; de nouveaux ministres sont trouvés, de nouveaux manœuvres vont apparaître encore.

Ils se présentent avec des paroles de paix et pour l'intérieur et pour l'extérieur ; des promesses de liberté pour tous, tout autant pour ceux qui en cherchent la source dans la satisfaction de leurs passions où elle ne se trouve jamais, que pour ceux qui la cherchent dans le bien dont elle découle naturellement.

Cependant la paix promise est l'agitation, le désordre à l'intérieur, et la faiblesse, l'hésitation, presque la honte à l'extérieur ; et malgré les plans réparateurs d'un ministre des finances renommé, les fonds baissent toujours, et l'inquiétude est à son comble.

La liberté pour tous se donne au mal dont les enfants perdus sont nombreux et remuants. Et à ceux qu'on suppose n'être pas républicains, à ces pauvres moines qui ne font d'autre bruit que celui de leurs chants à la louange de Dieu ; priant sans cesse pour leur pays, pour leurs amis et leurs ennemis, et qui sont rentrés sans bruit dans leur seul asile ; au lieu de liberté, on ne leur porte que la désolation et la misère. Voilà les effets et les fruits de la liberté pour tous, offerts au sublime patriotisme, aux martyrs de la charité.

C'est à Solesmes, ce lieu devenu célèbre par le génie réparateur de dom Guéranger, le lutteur intrépide et victorieux contre le gallicanisme et le libéralisme, l'ami, l'inspirateur de Lacordaire, le conseiller intime de Pie IX ; à Solesmes où se donnait si largement l'hospitalité patriarcale, où tant d'âmes allaient chercher le secret de cette liberté qui, les élevant au-dessus de la terre, lieu de la tourmente, leur montrait le ciel, séjour de la paix et du bonheur.....

C'est à ce Solesmes où le ministre protestant, chef du nouveau conseil, dans des entretiens intimes avec dom Guéranger, avait été autrefois calmer les tempêtes dont son cœur, comme celui de bien d'autres, était torturé; c'est là, à la source de la vraie liberté dont il s'était lui-même désaltéré, qu'il envoie la persécution.

Il fait chasser impitoyablement les pauvres moines, pour les jeter sur le grand chemin sans asile et sans pain. Il ne leur rendra pas, non seulement le pain qu'il y avait mangé, mais par un raffinement de cruauté que la liberté de la philosophie peut seule enfanter, on mettra les scellés sur leurs modestes provisions.

Il fallait qu'il fît oublier ses défaillances passées, il fallait qu'il donnât cette fois à la République ce gage de fidélité à ses principes de désordre et de lâcheté, de désorganisation et d'injustice; il fallait qu'il s'exerçât, par l'étrangeté de ses essais sur la famille modèle, à la persécution, et aux douloureuses inquiétudes qu'il allait consacrer et faire tomber sur toutes les familles chrétiennes de France.

Enregistrez, républicains, ces hauts faits d'armes, d'audace et de vaillance, vous en avez besoin pour établir votre puissance devant l'Europe et relever votre prestige en Orient.

Mais je ne m'écarterai pas de mon sujet, et je me hâte de me réfugier, pour rassurer mon cœur qui se soulève de dégoût et réchauffer tous mes membres refroidis par la sueur qui en découle, devant les flammes ardentes de la vraie liberté.

O sainte liberté! oui, j'ai besoin de toutes tes inspirations pour rester calme au milieu du trouble de mon âme, pour amortir mes douleurs en face de l'abaissement de mon pays, pour augmenter mes violents désirs de détourner la persécution contre mon Dieu, contre ma France bien-aimée.

Liberté puissante! tu viens du bien que découvre mon intelligence, de ma volonté qui le veut, et tu domines mon âme.

Tu veux que j'étudie la loi de Dieu; que je respecte

le droit; que je m'inspire de la vérité. Tu veux que je pardonne aux persécuteurs égarés; mais tu veux aussi que mes désirs d'arrêter la destruction et la ruine se traduisent par des actes virils.

Tu veux plus encore, tu veux que mon âme domine et la crainte et le supplice; tu veux que mon âme ranime mes membres et mon sang, qu'ils frémissent comme elle à la vue de prétendus législateurs qui se présentent pour empoisonner le sang de mon sang, pour ravir et profaner l'âme de mon âme!..... lui enlever d'immortelles espérances, sa vie, sa liberté, sa force, sa lumière, ses joies et son bonheur; pour la plonger dans la nuit de l'ignorance, dans l'esclavage des passions, dans les terribles incertitudes qui donnent, au chrétien mort tombé dans le désespoir après le crime, les regrets les plus cuisants, des douleurs et des tourments sans fin, un désespoir éternel!

Ce tableau paraît chargé, et cependant, il n'est qu'une esquisse bien incomplète de la réalité des biens que la République veut nous enlever, des maux qu'elle veut nous apporter.

Et d'abord, quel est le pouvoir impérial, légitime, usurpateur, conquérant, électif qui ait le droit contre Dieu et contre la nature de pénétrer dans la famille, pour en enlever les enfants dès l'âge le plus tendre, afin de les diriger à son gré et de les façonner à sa guise?

Aucune autorité, aucun pouvoir n'a ce droit : la nature proteste et se révolte contre une semblable usurpation. Vous prétendez, souverains sans puissance, avoir le droit de surveillance sur les pères et mères; vous voulez régler l'instruction et l'éducation de leurs enfants!

Vos prétentions vont plus loin encore, vous voulez les élever, les introduire dans la vie, vous voulez diriger leur intelligence!

Vous voulez façonner leur cœur et leur âme à votre image. Votre Dieu doit être le leur, la République, leur seul amour!

Arrêtez-vous, souverains d'un jour, votre Dieu est le parjure, votre République est le sang, la honte et la lâcheté ; vos prétentions sont la tyrannie. Où sont vos droits?

Le Dieu créateur vous les a-t-il donnés? Les pères et mères vous les ont-ils donnés, ces droits? Non, jamais! Ils les gardent et les garderont toujours.

Mais j'entends vos hurlements, fils de Brutus, j'entends votre réponse impie : c'est à la tyrannie du Dieu que vous adorez que nous voulons soustraire l'enfance et la jeunesse! C'est aux besoins de la famille, à ses exigences que nous voulons les enlever!

Nous voulons lui donner à cette famille, l'habileté qui lui manque, le cœur qu'elle n'a pas!

Et moi je vous réponds : Insensés! Avez-vous le sublime amour d'une mère, sa prudence et sa sagesse?

Avez-vous les bras vigoureux d'un père qui tourmente la terre, la tourne et retourne à la sueur de son front, pour gagner le pain, souvent insuffisant, de chaque jour? c'est pour en augmenter le poids, c'est pour essuyer de temps en temps la sueur trop abondante, et l'empêcher de défaillir, que le père a besoin de la main de son jeune enfant. C'est pour lui apprendre à faire pousser le lin et tondre la laine, afin de vêtir la famille, qu'il doit parfois le retenir à la chaumière, chaumière où souvent, gros repus, vous laissez pâtir une mère oubliée.

Républicains, avez-vous cette tête qui travaille, ce cœur qui aime, cette noble ambition qui surgit en lui pour grandir sa famille et son nom? Avez-vous la fierté de sa race qu'il veut multiplier par la vertu dans l'honneur et la gloire?

Avez-vous, République, reçu le dépôt sacré de la foi de la mère chrétienne qui, s'élevant au dessus de la nature humaine, s'est enfoncée dans le sein du Christ, y a plongé les âmes de ses enfants pour en faire une famille immortelle?

Non, non! vous n'avez rien de tous ces dons du Ciel, et pourtant, vous voulez y pénétrer dans cette famille, vous voulez vous en accaparer et y régner en maîtresse souveraine.

Usurpateurs au premier chef, où sont vos conquêtes? où sont les provinces que vous nous avez données? où sont les champs que vous avez fertilisés? où est votre courage? où sont vos vertus, vos droits? Vous n'en aviez pas, qu'avez-vous fait pour les conquérir?

Non, vous n'avez pas l'origine de la puissance qui impose l'obéissance ou commande le respect et la reconnaissance.

Élevés sur les ruines d'un pouvoir tombé, vous n'avez été ni assez habiles pour traiter honorablement avec le vainqueur, ni assez puissants pour conserver intact notre sol.

Vous n'êtes pas marqués du sceau des libérateurs, des conquérants, des empereurs ou des rois qui se sont imposés par leur puissance, leur audace ou leur génie, aux peuples qu'ils commandent; aucun de vous ne fut un Georges Washington.

La République n'a pas non plus le cachet de la stabilité. Que de changements, que de bouleversements dans les gouvernants! Quelle lutte constante dans les Chambres! que de lois faites et défaites! je ne vois aucun pouvoir; mais la dispute, le déchirement des partis. Car la République titubante, comme un homme dans l'ivresse, ne se tient debout qu'appuyée par le matérialisme qu'elle alimente chaque jour, par la crainte chez les uns, par l'indifférence chez les autres.

Je ne m'étendrai pas davantage sur les signes d'un vrai pouvoir dont la République ne possède pas l'ombre et qui pourtant a la prétention de nous rappeler à nous, catholiques, les préceptes de Jésus-Christ et de l'Église, au sujet du respect que nous devons à son autorité : « Rendez à César ce qui appartient à César. »

Les Césars romains avaient conquis tout un monde,

ils avaient enrichi l'empire ; et Notre-Seigneur se faisant
montrer une pièce d'argent à l'effigie de l'empereur,
répondit à son tentateur : « Rendez lui ce qui lui appartient. »

Mais, quelles richesses nous a données la République?
Je ne lui connais qu'une puissance : celle d'absorber la
fortune publique. Que pourrions-nous lui devoir?

Enfin la République est-elle assise, est-elle fixée par
sa constitution? est-elle fixée sur les rouages multiples
de son gouvernement, sur le mode d'élection du peuple
souverain qui n'est souverain qu'à ses heures. On le
mène, on l'abuse, on le trompe, pauvre peuple!...

La République est-elle plus forte à l'extérieur qu'à
l'intérieur?

L'étranger aime et caresse la République. En effet,
elle lui prête toute la force qu'elle perd, et malheureusement, elle aura bientôt dépensé tout ce que des siècles
de vrai pouvoir avaient acquis en puissance, en richesses, à notre malheureux pays.

Sans doute, l'étranger redoute un souverain, il sait
que la France redeviendrait avec lui, ce qu'elle était
autrefois.

La paix est-elle à l'intérieur, où est-elle? Il n'y a que
déceptions, agitations, et la peur qui domine.

La République n'a qu'une passion, qu'une force : la
passion de détruire la foi des chrétiens, la force de la
persécution envers les catholiques.

IX

La vraie liberté va ressusciter avec la France.

Oui, la République n'a d'autre force que celle de la persécution; nous avons vu celle qu'elle renouvela contre les religieux; mais ce n'est pas assez pour elle de les avoir deux fois chassés de leur domicile; elle ne peut plus les voir, ni les entendre, ils ne pourront plus ni enseigner la parole de Dieu, ni blanchir et réconforter les âmes, ni distribuer le pain de vie; tout prêtre, chose indigne, qui acceptera l'aide d'un seul religieux, sera puni, probablement chassé lui-même.

Pourquoi donc cet acharnement contre des hommes aussi paisibles et aussi inoffensifs? Ah! pourquoi? Parce qu'ils sont les premiers soldats du Christ, les thaumaturges des âmes, et qu'on veut les attaquer, ces âmes, et leur porter les derniers coups.

Voilà la grande conjuration qu'aucun pouvoir n'a le droit ni d'ourdir, ni d'exécuter sans se dégrader, et perdre ses droits les plus sacrés s'il les avait acquis sur un peuple chrétien dont la base de toute constitution est le christianisme et le culte du vrai Dieu.

Ce n'est pas le peuple en délire qui veut déchirer le contrat, c'est la République tombée dans la tyrannie qui le déchire et le lacère; c'est la concubine qui veut étouffer les enfants de sa noble rivale; arrêtons-la et précipitons-nous sur la main qui veut frapper pour la détourner, et arracher les victimes à la mort.

Nous connaissons tous la *loi de malheur*; je n'entrerai pas dans ses détails qui font ressortir l'ineptie, que dis-je l'ineptie! la tyrannie de ses fabricateurs.

Nous connaissons tous aussi nos droits sur l'âme de nos enfants; aujourd'hui, remplissons nos devoirs, devoirs sacrés, dont aucune puissance au ciel et sur la terre ne peut nous affranchir.

A l'Église, l'épouse du Christ, la dépositaire de sa doctrine et de ses droits, à l'Église qui les a régénérées, ces âmes, dans les eaux du baptême, appartient seule le droit, droit divin, de les réchauffer par la foi, de les grandir, de les soutenir et de les sauver.

A nous le devoir de les conserver intactes dans les vertus et la paix du foyer, à nous d'en éloigner et le mal qui affaiblit, et le crime qui assassine et tue.

A nous d'arrêter la République qui se dit créée pour nous protéger, nous soutenir et nous redresser, et qui nous attaque et nous poursuit.

Je l'ai dit assez, le pouvoir qui veut la ruine, n'est plus un pouvoir, c'est le serpent qui porte le venin et empoisonne la vie; mais le serpent fuira toujours devant l'homme courageux, depuis qu'une femme, la Reine des Vierges, la Mère du Christ, le foula sous ses pieds redoutables et vainqueurs.

Levons-nous donc, et marchons sans crainte, cette Vierge prudente nous dirigera, elle nous protègera.

Chrétiens, ne sommes-nous plus les descendants des Francs? leur sang généreux ne coule-t-il plus dans nos veines? n'avons-nous rien gardé des souvenirs de nos rois? ne savons-nous plus que Charlemagne dota l'Église, dépouillée de nos jours, et qu'il lui confia le soin de la jeunesse qui fut la force et la gloire de cette époque.

Ne savons-nous plus que Louis IX alla s'incliner à Jérusalem sur le tombeau du Christ, qu'il jura pour sa France et pour lui une immortelle fidélité?

Avons-nous oublié qu'Henri IV, abjurant l'erreur, revint à son Dieu?

Avons-nous oublié qu'une République immola le meilleur de nos rois, pour noyer dans le sang nos protecteurs et nos sauveurs?

Ne savons-nous pas que cette race comme le vieux chêne de nos forêts, a résisté aux orages et à la tourmente, et qu'un jour, abattus par la cognée sacrilège, ses rameaux ont repoussé pour ombrager encore notre France si épuisée et lui redonner et la vie et la gloire, et que de ces rameaux, il nous reste encore un rejeton plein d'une sève vigoureuse!

Oui, il reste encore de cette race si puissante une grande âme gémissant sur nos inquiétudes et nos douleurs.

Ne savons-nous pas qu'elle anime le cœur d'un roi, que ce roi nous regarde et nous écoute, qu'il attend avec impatience un appel, un signe, pour venir nous délivrer et combattre avec nous!

Non, nous n'avons point oublié!

Oui, nous savons et nous espérons, car Dieu du haut du Ciel parle; il ordonne la résistance opiniâtre à cette loi de malheur, résistance qui va nous sauver.

Nous allions encore vivre dans l'affliction sans doute, et dans l'effroi des coups que nous porte la Révolution, dans la crainte de troubler, je ne dirai pas la paix, mais une accalmie apparente.

Aujourd'hui, la lutte est nécessaire, il faut l'organiser puissante, redoutable et victorieuse contre nos implacables ennemis qui ne nous accordent ni trêve, ni merci.

A nous de relever l'honneur et la fierté de notre patrie; à nous de venger notre Christ, à nous de conserver les enfants qu'on veut nous enlever, de sauver les âmes qu'on veut égarer et perdre.

Que les hommes de cœur se réunissent; que des Comités s'organisent partout; que des protestations énergiques s'élèvent de toutes parts; qu'une lutte persévérante et acharnée s'engage contre la tyrannique impiété qui veut ravir au soldat ses espérances et sa foi, à l'enfant son guide et son soutien.

Le gant est jeté; à nous de le relever.

Que les Comités choisissent dans leurs membres, de jeunes et vigoureux athlètes de la parole, et qu'ils aillent partout éclairer les aveugles, réchauffer les indifférents, soutenir les vrais courages; qu'ils s'approchent des maires et des conseillers municipaux, qu'ils électrisent les électeurs, car la commune est notre droit, droit ancien, qui fut la vie et la force de notre pays.

Là dans cette réunion des familles, chacun se connaît et sait choisir son chef : cet apostolat rendra la résistance plus facile.

Que chacun travaille selon sa force et ses moyens. Que le zèle et la charité se doublent pour élever des écoles partout, sous l'œil du Christ, sous le manteau de la Vierge Marie.

Que les timides se rassurent, que les prétendus sages réfléchissent aux funestes concessions qu'ils ont conseillées et approuvées; qu'ils regardent, et ils verront qu'elles seules ont contribué à donner à nos ennemis, l'audace et la folie qu'ils affichent.

Qu'ils sachent que seules, elles ont arrêté le zèle et la vigilance de nos premiers pasteurs qui, comme ceux d'un petit, mais énergique peuple voisin dont la foi s'est avivée par la lutte dans la vraie liberté, nous auraient interdit l'entrée de toute école laïque, s'ils n'avaient craint, ces pasteurs, de mettre le trouble dans les consciences amollies et peut-être d'en trouver de rebelles à leurs voix.

Et pourtant, on les accuse, ces vrais pontifes, d'une fausse prudence et de faiblesse; non, nous seuls, sommes coupables.

La Révolution, aussi perverse en Belgique que dans notre malheureux pays, eût chassé les religieux et mis autant d'entraves à l'instruction chrétienne, si ces ar-

dents catholiques avaient eu moins de foi, s'ils avaient
été moins épris de la vraie liberté.

Réveillons donc notre foi, et montrons notre soumission à la loi du Christ, notre ardeur à la défendre.

N'avons-nous pas entendu déjà la voix de plusieurs
évêques qui nous ferment l'entrée de ces écoles sans
Dieu ?

Écoutons celle de Mgr l'évêque de Poitiers qui, animé
de la foi de l'apôtre et de la vigilance du vrai pasteur,
porte anathème à cette loi qui ne peut être ni approuvée
ni suivie, mais doit être rejetée, et rejetée coûte que
coûte.

Coûte que coûte : qu'est-ce à dire ? Amonceler des
trésors pour rassasier d'insatiables dissipateurs ? Est-ce
à dire, aller en prison ? déserter son poste devant l'ennemi rugissant ? abandonner la famille aux loups ravis-
seurs ? Non, sans doute.

Mais abandonner les erreurs de la philosophie moderne ; mais abandonner des institutions nées dans la
révolte et le sang, continuées dans la faiblesse et la
honte ; entraînées, non plus par la ruse d'un seul, mais
par la déraison, la fougue et le fol orgueil des partis,
dans les désordres, les ravages et la destruction des
torrents sortis en mugissant, d'une source empoisonnée ;
source à laquelle deux grands Papes tout épris de
l'amour des peuples, nous ont inutilement, trop malheureusement pour nous, défendu de nous désaltérer.

Je le demande à mon tour, quel espoir puis-je conserver de sauver les âmes de mes enfants avec des gouvernants tombés dans l'impuissance et l'hébétement,
emportés par des passions furieuses qui leur ont fait
jurer leur perte.

Quand je résiste à la bête, quand je veux l'abattre,
c'est que, vieilli dans la lutte, je sais que la folle liberté
ne donna jamais que des fruits amers et mortels.

Que nos prélats français se rassurent ; je suis le fils
soumis de l'Église ; et si, la devise de mes pères : « Dieu

et le Roi » conquise dans le sang du martyre reste un guide infaillible pour moi, c'est qu'à Rome près du grand pontife, les devoirs qu'elle impose se sont encore fortifiés par les oracles que j'entendis si souvent sortir de sa bouche vénérée.

La légitimité est le droit, droit sacré des peuples et des rois; c'est le salut des nations, leur unique force contre la ruine; car le droit et la vérité sont le fondement et la vie de toute société.

Sainte liberté! c'est dans le droit et la vérité que résident ta puissance et ton énergie. C'est toi qui nous conduisis à Rome malgré les difficultés et les obstacles; c'est toi qui, là comme ailleurs, enfantas des prodiges de fidélité au malheur; c'est toi qui nous procuras le bonheur et la gloire de verser du sang français pour la défense de l'Église. Tu nous le rendras au centuple, Christ généreux, toi qui t'immolas pour nous, qui nous donnas et ton sang et ta vie, tu le rendras à notre patrie.

Ce n'est plus la croix victorieuse de Constantin, c'est ton cœur adorable que tu viens lui montrer; ses ennemis sont des imposteurs et des parjures, ils sont plus perfides que des payens; ce sont des traîtres. Pour les vaincre, ô Christ, tu lui offres une partie de toi-même, la plus noble, la plus généreuse, ton cœur adorable! et c'est à une humble vierge que tu confias les secrets de sa force invincible, semblant les réserver pour la résurrection de ta France bien-aimée.

Un jour que noyée dans le sang de son roi et de milliers de martyrs, elle allait périr..... le saint de l'Anjou inspiré se couvre de cette image comme d'une forte armure, et tout à coup, ce premier chevalier du Sacré-Cœur en armes est tranformé et tout enivré de la puissance de la liberté des enfants du Christ.

Il va se présenter fièrement devant les tyrans, inspirateurs de nos persécuteurs d'aujourd'hui. Il excite les courages, il organise la résistance et entouré de ses parents et amis, couverts de la même égide, il est debout pour sauver sa famille, ses parents, ses amis, pour adorer son Dieu, pour venger son roi!.....

Il ne craint ni le nombre, ni la force, il voit le bien, il le veut, il n'a pas d'autres armes que le cœur de son Christ; pourtant de paysan le voilà soldat, de soldat capitaine, et sa famille est sauvée avec celles de ses compagnons d'armes; elles ont revu la paix, adoré son Dieu, acclamé son roi!.....

Mais la Révolution avait reparu, et avec elle la honte et l'invasion.

Au souvenir de l'héroïque courage des miens, animé de la foi de mon sang, j'appelle de vrais Français, nous nous couvrons tous des mêmes armes du Christ; et le corps de la Vendée en 70 et 71, par son opiniâtre résistance à l'ennemi, publie encore que l'image du Cœur de Jésus est invincible, qu'elle sera son triomphe!

Ne fut-elle pas, cette image, la gloire de la France, lorsque confiée aux zouaves, ces braves échappés par miracle au massacre de la vaillante armée de Pie IX, décorant l'étendard qu'ils portaient, elle fut couverte de leur sang glorieux au champ de Loigny; leur résistance à l'ennemi vainqueur valut vingt combats; elle doit relever nos espérances et produire le salut.

Si ma voix était assez autorisée, je dirais à tous les vrais catholiques : dans ces temps de suprême épreuve, couvrez-vous, comme je le suis moi-même, de ce signe sacré. Peut-être bientôt, si nous n'arrêtons l'enfer déchaîné, le froc du moine, la robe de l'évêque, celle du prêtre, seront interdits aux regards du public, nous ne reconnaîtrons plus les ministres de Dieu qui, nous rappelant nos devoirs, nous arrêtent souvent sur le bord de l'abîme.

Armons-nous contre le mal..... Plaçons dès aujourd'hui cette inspiratrice armure sur notre poitrine, qu'elle soit le signe de la force et de l'énergie dans la défense, qu'elle soit la persuation par la charité, et si la foi nous transportait, nous pourrions nous écrier en face de l'ennemi : « Arrête, le Cœur de Jésus est là! » L'ennemi sera vaincu et peut-être transformé, car ce Cœur adorable est la souveraine puissance et la victoire, la victoire dans la charité.

O souveraine puissance de la liberté des enfants du Christ! viens nous embraser de tes divines flammes, viens, grande âme de Paul, invincible lutteur, du haut du ciel, entouré des légions de martyrs que ta parole ardente engendra dans le Christ; entends ma voix, descends et viens nous enseigner la vraie science et le grand combat.

Descendez aussi, myriades de vaillants soldats du Christ, immolés pour sa gloire et sa puissance sous les étreintes de la tyrannie dans la Rome païenne, et vous, chrétiens si nombreux qui avez vaincu la persécution, venez nous communiquer vos ardents courages.

Venez, vous, nos aïeux, nous aider à renverser les idoles et à reconquérir un protecteur et un guide.

Ce guide, Dieu nous l'a donné par un miracle, un miracle nous le conserve encore.

Ce Dieudonné nous appelle, il nous attend, je le sais et dois vous le dire, pères et mères français, libres et chrétiens qui avez juré à la vie à la mort de rendre à Dieu ce qui appartient à Dieu. Réunis et serrés, formons un bataillon invincible de la résistance dans la vraie liberté, signe certain de la victoire au combat.

Que les accents de ma voix traversent les espaces, qu'ils arrivent jusqu'au Roi, lui dire notre serment, le réjouir dans la tristesse de son exil et dans la langueur de l'attente. Ma voix est française, qu'elle le fasse tressaillir.

Oui, grand prince, excuse ma liberté, elle vient du sang du Christ qui coule dans mes veines. Ton intelligence éclairée par l'Église dont tu es, quoique fils de roi, l'enfant le plus soumis, ton intelligence te montre le bien de la France. Ta volonté, cette puissance invincible, le recherche et le veut, et ce bien, tu le sais, toi seul peux le produire.

Oui, tu le sais, car tu me le dis un jour, avec grande autorité, dans la vieille cité des doges, au retour d'un voyage à Jérusalem où tu étais allé retremper ta grande âme dans les serments de saint Louis, ton aïeul.

« L'Église, me dis-tu, sera persécutée jusqu'au jour où, roi de France, j'irai moi-même la délivrer ». Fils de saint Louis, je te crus inspiré, oui, tu l'étais, tu reviendras; mais reviens donc!

Ah! si tu connais les secrets de Dieu, si tu sais sa colère contre nous, offre en holocauste pour l'apaiser, et le sang de Louis XVI, et la révolte des tiens, et la délirante folie de la France égarée. Pardonne et reviens, car nous allons périr!.....

Nous n'avons point à craindre la hache des bourreaux, nos Césars sont trop lâches et trop faibles, trop rusés peut-être, ils se rappellent que les martyrs donnent la victoire en ressuscitant la fière et conquérante liberté du Christ.

Mais les âmes affadies de plus en plus par les folles doctrines vont perdre leur fierté; ce sont elles qu'on veut souiller et dominer; les nôtres résisteront peut-être, éclairées qu'elles ont été par les enseignements et les vertus du cloître, mais les cloîtres sont fermés et solitaires, que vont devenir les âmes de nos malheureux enfants qu'on veut nous arracher?

Reviens, grand Roi! Oui, reviens avec ta sagesse et la vraie liberté, toi seul peux la donner, car toi seul es l'oint du Seigneur.....

CATHELINEAU.

Châteu d'Ernemont, le 15 juillet 1882.

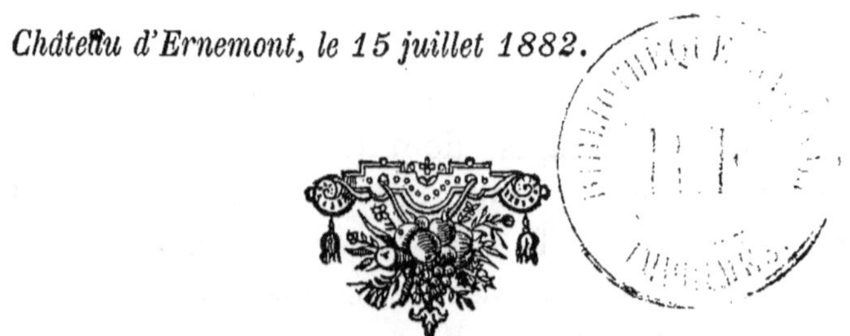